BDA*ktuell* Nr. 8

Buddemeier

GERINGFÜGIGE BESCHÄFTIGUNG IN DER PRAXIS

Minijobs und Gleitzone

4. Auflage

Arbeitgeber
BIBLIOTHEK

Bibliografische Information der Deutschen Nationalbibliothek
Die Deutsche Bibliothek verzeichnet diese Publikation in der Deutschen Nationalbibliografie; detaillierte bibliografische Daten sind im Internet über http://dnb.ddb.de abrufbar.

Reihe **BDA***ktuell* Nr. 8
GERINGFÜGIGE BESCHÄFTIGUNG IN DER PRAXIS
Minijobs und Gleitzone

4. Auflage

1.–3. Auflage: Klaudia Buddemeier
4. Auflage: Aktualisierung Anne Scholz

Herausgeberin:
BDA | Bundesvereinigung der
Deutschen Arbeitgeberverbände, Berlin

Verlag: © **GDA** | Gesellschaft für Marketing und Service
der Deutschen Arbeitgeber mbH, Breite Straße 29, 10178 Berlin

www.gda-kommunikation.de

Stand: März 2013

ISBN 978-3-936074-81-9

VORWORT

Mit dem „Gesetz zu Änderungen im Bereich der geringfügigen Beschäftigung" sind zum 1. Januar 2013 umfangreiche Änderungen in Kraft getreten. Mit dem Gesetz wurden vor allem die seit 2003 unveränderten Verdienstgrenzen für Minijobs von 400 € auf 450 € und für Midijobs von 800 € auf 850 € erhöht. Die Anhebung der Verdienstgrenzen vollzieht in etwa die durchschnittliche Lohn- und Gehaltsentwicklung in diesem Zeitraum nach. Außerdem besteht seit dem 1. Januar 2013 für geringfügig Beschäftigte eine Versicherungspflicht in der gesetzlichen Rentenversicherung, wobei auf Antrag eine Befreiung von der Versicherungspflicht möglich ist. Diese Opt-out-Regelung ist mit Blick auf die angestrebte Verbesserung der Altersversorgung für diesen Personenkreis und die vorgesehene Befreiungsmöglichkeit vertretbar.

Die vierte Auflage der Broschüre berücksichtigt die zahlreichen Übergangsvorschriften für geringfügige Beschäftigungsverhältnisse, die bereits vor dem 1. Januar 2013 bestanden, und stellt diese in einem gesonderten Kapitel ausführlich dar. Sie enthält außerdem im Anhang Musterarbeitsverträge und die BDA-Checkliste für geringfügig entlohnte oder kurzfristig Beschäftigte. Damit ist die Broschüre ein umfassendes und unverzichtbares Kompendium für Unternehmer, Mitarbeiter in Personalabteilungen und Arbeitnehmer rund um das Thema „Mini- und Midijobs".

Dr. Volker Hansen
BDA | Abteilungsleiter Soziale Sicherung

März 2013 | Berlin

INHALT

TEIL 1 GERINGFÜGIGE BESCHÄFTIGUNG

Es existieren drei Erscheinungsformen der geringfügigen Beschäftigung:

- Eine **geringfügig entlohnte** Beschäftigung liegt vor, wenn das regelmäßige monatliche Arbeitsentgelt 450 € monatlich nicht übersteigt. Es fallen Pauschalabgaben i. H. v. 30 %[1] an.

- Eine **kurzfristige Beschäftigung** liegt vor, wenn die Beschäftigung zwei Monate oder 50 Arbeitstage innerhalb eines Kalenderjahres nicht überschreitet. Es fallen **keine Pauschalabgaben** an.

- Eine **geringfügige Beschäftigung im Privathaushalt** liegt vor, wenn das regelmäßige monatliche Arbeitsentgelt 450 € monatlich nicht übersteigt und es sich um eine haushaltsnahe Tätigkeit handelt. Es fallen Pauschalabgaben i. H. v. 12 %[2] an.

Die geringfügige Beschäftigung ist für den Arbeitnehmer grundsätzlich in allen Zweigen der Sozialversicherung – mit Ausnahme der Rentenversicherung – versicherungsfrei. Die gesetzlichen Vorschriften sehen jedoch Ausnahmen für bestimmte Personengruppen vor. Danach gilt die Versicherungsfreiheit nicht für Beschäftigte, die

- im Rahmen betrieblicher Berufsausbildung (z. B. Auszubildende),[3]

---

1 Krankenversicherung (13 %), Rentenversicherung (15 %) und Pauschsteuer (2 %); zzgl. Umlagen für Entgeltfortzahlung bei Krankheit und Mutterschaft (U1, U2), Insolvenzgeldumlage, Unfallversicherung.

2 Krankenversicherung (5 %), Rentenversicherung (5 %) und Pauschsteuer (2 %); zzgl. Umlagen für Entgeltfortzahlung bei Krankheit und Mutterschaft (U1, U2), Insolvenzgeldumlage, Unfallversicherung.

3 Ausbildungsverhältnisse sind versicherungspflichtige Beschäftigungsverhältnisse, auch wenn das regelmäßige Arbeitsentgelt weniger als 450 € beträgt (§ 7 Abs. 1 Nr. 1 SGB V, § 27 Abs. 2 Nr. 1 SGB III, § 5 Abs. Satz 3 SGB VI).

- im Sinne des Gesetzes zur Förderung eines freiwilligen sozialen oder ökologischen Jahres,
- als behinderte Menschen in geschützten Einrichtungen,
- als Personen in Einrichtungen der Jugendhilfe oder in Berufsbildungseinrichtungen oder ähnlichen Einrichtungen für behinderte Menschen,
- aufgrund einer stufenweisen Wiedereingliederung in das Erwerbsleben,
- wegen Kurzarbeit oder witterungsbedingtem Arbeitsausfall geringfügig beschäftigt sind.

A. Sozialversicherungsrecht

I. Geringfügig entlohnte Beschäftigung

Eine geringfügig entlohnte Beschäftigung liegt vor, wenn das Arbeitsentgelt (§ 14 SGB IV) regelmäßig 450 € im Monat nicht übersteigt (§ 8 Abs. 1 Nr. 1 SGB IV). Alleiniges Beurteilungskriterium für das Vorliegen einer geringfügig entlohnten Beschäftigung ist unabhängig von der wöchentlichen Arbeitszeit die Höhe des Arbeitsentgelts. Beginnt oder endet eine Beschäftigung im Laufe eines Kalendermonats, gilt für diesen Kalendermonat ebenfalls die 450-€-Grenze. Eine anteilige Ermittlung der 450-€-Grenze für den „angebrochenen" Monat verlangt die Sozialversicherung nicht.

Beispiel 1

B wird zum 15. April unbefristet eingestellt. Das Arbeitsentgelt im April beträgt 350 €.

Es liegt eine geringfügige Beschäftigung vor, da das Arbeitsentgelt 450 € im April nicht übersteigt.

1. Ermittlung des regelmäßigen Arbeitsentgelts

Bei der Prüfung der Frage, ob das Arbeitsentgelt regelmäßig 450 € im Monat überschreitet, ist mindestens auf das Arbeitsentgelt abzustellen, auf das der Arbeitnehmer einen Rechtsanspruch hat. Dieser Anspruch kann sich z. B. aus einem für allgemein verbindlich erklärten Tarifvertrag, betrieblicher Übung, Betriebsvereinbarung oder dem Arbeitsvertrag ergeben. Auf die Höhe des tatsächlich ausgezahlten Entgelts kommt es insoweit nicht an. Ein arbeitsrechtlich zulässiger Verzicht auf künftig entstehende Arbeitsentgeltansprüche mindert dagegen das zu berücksichtigende Entgelt. Die Ermittlung des regelmäßigen Arbeitsentgelts ist vorausschauend bei Beginn der Beschäftigung bzw. erneut bei jeder dauerhaften Veränderung in den Verhältnissen vorzunehmen.

a. Einmalig gezahltes Arbeitsentgelt

Zum regelmäßigen Arbeitsentgelt gehören auch Einmalzahlungen wie z. B. Weihnachtsgeld. Bei einmalig gezahltem Arbeitsentgelt entstehen die Beitragsansprüche der Sozialversicherungsträger gem. § 22 Abs. 1 SGB IV, „sobald dieses ausgezahlt worden ist". Für Einmalzahlungen gilt also das Zuflussprinzip, d. h., für Einmalzahlungen können keine Beiträge geltend gemacht werden, wenn sie tatsächlich nicht ausgezahlt wurden. Ansonsten ist im Sozialversicherungsrecht das Entstehungsprinzip anzuwenden, nach dem die Sozialversicherungsbeiträge fällig werden, wenn der Anspruch des Arbeitnehmers auf das Arbeitsentgelt entstanden ist.

§ 22 Abs. 1 SGB IV wirkt sich auf die sozialversicherungsrechtliche Beurteilung eines geringfügig Beschäftigten wie folgt aus:

Einmalzahlungen, deren Gewährung zu Beginn der Beschäftigung mit hinreichender Sicherheit – z. B. aufgrund eines für allgemein verbindlich erklärten Tarifvertrags oder betrieblicher Übung – mindestens einmal jährlich zu erwarten ist, sind bei der Ermittlung des regelmäßigen Arbeitsentgelts zu berücksichtigen. Ist die Gewährung hingegen ungewiss, bleibt die Einmalzahlung außer Betracht. Im Übrigen sind Einmalzahlungen nur dann zu berücksichtigen, wenn sie aus der zu beurteilenden Beschäftigung und nicht aus einem ruhenden Beschäftigungsverhältnis wie z. B. Elternzeit resultieren.

Die Einmalzahlung ist ausnahmsweise nicht zur Ermittlung des regelmäßigen Arbeitsentgelts zu berücksichtigen, wenn der Arbeitnehmer im Voraus schriftlich auf sie verzichtet hat. Auf die arbeitsrechtliche Zulässigkeit eines solchen Verzichts kommt es hier – anders als beim übrigen Arbeitsentgelt – nicht an. Die Verzichtserklärung ist zu den Lohnunterlagen zu nehmen (§ 8 Abs. 2 Nr. 12 Beitragsverfahrensordnung, BVV).

Beispiel 2

B wird zum 1. Januar zu einem monatlichen Arbeitsentgelt von 440 € eingestellt. Nach betrieblicher Übung wird in dem Betrieb des Arbeitgebers ein Weihnachtsgeld i. H. v. 180 € gezahlt.

Ermittlung des regelmäßigen Arbeitsentgelts:

laufendes Arbeitsentgelt	440 x 12 = 5.280 €
Weihnachtsgeld	180 €
Summe	5.460 €

1/12 des zu berücksichtigenden Arbeitsentgelts (5.460 €) = 455 €

Das regelmäßige Arbeitsentgelt übersteigt 450 € im Monat. Es liegt keine geringfügige Beschäftigung vor.

Beispiel 3

B wird zum 1. Januar zu einem monatlichen Arbeitsentgelt von 440 € eingestellt. Nach betrieblicher Übung wird im Betrieb des Arbeitgebers ein Weihnachtsgeld i. H. v. 180 € gezahlt. B verzichtet bei der Einstellung schriftlich auf die Auszahlung des Weihnachtsgelds.

Ermittlung des regelmäßigen Arbeitsentgelts:

laufendes Arbeitsentgelt	440 x 12 = 5.280 €
Weihnachtsgeld	180 €

1/12 des zu berücksichtigenden Arbeitsentgelts (5.280 €) = 440 €

Das regelmäßige Arbeitsentgelt übersteigt nicht 450 € im Monat. Wegen des schriftlichen Verzichts des B wird das Weihnachtsgeld nicht in die Beurteilung des regelmäßigen Arbeitsentgelts einbezogen. Es liegt eine geringfügige Beschäftigung vor.

Wird eine Einmalzahlung, die ursprünglich mit Sicherheit zu erwarten war, tatsächlich nicht ausgezahlt, ändert dies rückwirkend nichts an der vorgenommenen versicherungsrechtlichen Beurteilung des Arbeitnehmers. Wurde der Arbeitnehmer wegen Einbeziehung einer Einmalzahlung als nicht geringfügig Beschäftigter beurteilt, so bleibt sein Versicherungsstatus zunächst bestehen. ggf. ist der Status ab dem Zeitpunkt der Nichtauszahlung neu festzulegen. Der Grund für diese Beurteilung ist, dass der Versicherungsstatus eines Beschäftigten – unabhängig von der Pflicht zur Beitragszahlung – stets im Voraus zu prüfen ist.

Hinweis

Die Prüfung, ob das Arbeitsentgelt des Beschäftigten im Jahresdurchschnitt unterhalb der Geringfügigkeitsgrenze von 450 € bleibt, ist stets im Voraus bei Beginn der Beschäftigung vorzunehmen. Ist dabei die Auszahlung einer Einmalzahlung sicher, ist sie einzubeziehen. Die Einmalzahlung bleibt bei der Ermittlung des regelmäßigen Arbeitsentgelts hingegen außer Betracht, wenn deren Auszahlung ungewiss ist oder wenn der Arbeitnehmer im Voraus schriftlich auf sie verzichtet hat. Die Verzichtserklärung ist zu den Lohnunterlagen zu nehmen.

b. Schwankendes Arbeitsentgelt

Schwankt das Arbeitsentgelt oder werden im Rahmen eines Dauerschuldverhältnisses unterschiedliche Arbeitsentgelte erzielt, ist der regelmäßige Betrag nach denselben Regeln zu ermitteln, die für die Schätzung des Jahresarbeitsentgelts in der Krankenversicherung bei schwankenden Bezügen gelten. Danach ist eine am Verdienst der zurückliegenden Zeit orientierte Schätzung vorzunehmen. Der Arbeitgeber ist verpflichtet, die Schätzung einer laufenden Überprüfung zu unterziehen. Stellt sich heraus, dass die Schätzung infolge nicht sicher voraussehbarer Umstände mit dem tatsächlich erzielten Arbeitsentgelt nicht übereinstimmt, bleibt sie trotzdem für die Vergangenheit bestehen, muss für die Zukunft jedoch geändert werden.

Beispiel 4

B erzielt bei Arbeitgeber A in den Monaten September bis April ein monatliches Arbeitsentgelt von 460 €. In den Monaten Mai bis August beträgt das monatliche Arbeitsentgelt 340 €.

Ermittlung des regelmäßigen Arbeitsentgelts:

September bis April	8 x 460 = 3.680 €
Mai bis August	4 x 340 = 1.360 €
Summe	5.040 €

1/12 der Summe = 420 €

Das regelmäßige Arbeitsentgelt übersteigt nicht 450 €. Es liegt eine geringfügige Beschäftigung vor.

c. Verstetigtes Arbeitsentgelt

Seit dem 1. Januar 2009 sind sozialversicherungsrechtlich relevante flexible Arbeitszeitabreden auch für geringfügig Beschäftigte möglich. Die Sozialversicherungsträger halten die Vereinbarung eines verstetigten Arbeitsentgelts für zulässig und führen dazu aus:[4] „Soweit ab 1. Januar 2009 in einer geringfügig entlohnten Beschäftigung mit einem Stundenlohnanspruch und schwankender Arbeitszeit im Rahmen einer sonstigen flexiblen Arbeitszeitregelung [...] ein verstetigtes Arbeitsentgelt gezahlt werden soll, sind für die Ermittlung des regelmäßigen Arbeitsentgelts die sich aus der zu erwartenden Gesamtjahresarbeitszeit abzuleitenden Ansprüche auf Arbeitsentgelt zu berücksichtigen. Hierbei sind zu erwartende Arbeitszeitguthaben einzubeziehen. Demzufolge darf das durchschnittliche monatliche Arbeitsentgelt in einem Jahr unter Berücksichtigung des zum Ende des Jahres in einem Zeitguthaben zu erwartenden Arbeitsentgeltanspruchs die entgeltliche Geringfügigkeitsgrenze nicht übersteigen. [...] Dies gilt in einer Beschäftigung mit Anspruch auf einen festen Monatslohn, in der die vertraglich geschuldete Arbeitszeit über Zeitguthaben flexibel gestaltet werden kann, entsprechend."

---

4 Geringfügigkeitsrichtlinien vom 20. Dezember 2012, Abschnitt B.2.2.1.3. Download: z. B. www.minijob-zentrale.de.

Beispiel 5

Arbeitgeber A stellt B zum 1. April auf Stundenlohnbasis ein (10 € Stundenlohn). Es wird ein verstetigtes Arbeitsentgelt von 430 € im Monat vereinbart. Dies entspricht einer monatlichen Arbeitszeit von 43 Stunden (Jahresarbeitszeit = 516 Stunden). Der Arbeitseinsatz soll flexibel erfolgen und die wöchentliche Arbeitszeit demnach schwanken. Der Arbeitgeber schließt mit B daher eine Gleitzeitvereinbarung über die Einrichtung eines Arbeitszeitkontos ab, die es B ermöglicht, monatliche Überstunden auf- und abzubauen.

Soweit der Arbeitgeber in der vorausschauenden Betrachtung davon ausgeht, dass das Arbeitszeitkonto zum Ende des maßgebenden Zeitjahres (31. März des Folgejahres) max. 24 Stunden Restguthaben enthalten wird, ist B versicherungsfrei, da das durchschnittliche Arbeitsentgelt 450 € nicht übersteigt.

516 + 24 = 540 Stunden : 12 Monate x 10 € = 450 €

Der Arbeitgeber hat von dem verstetigten monatlich ausgezahlten Arbeitsentgelt Pauschalbeiträge zur Kranken- und Rentenversicherung zu zahlen.

d. Steuerfreie Aufwandsentschädigungen

Nach ausdrücklicher gesetzlicher Bestimmung (§ 14 Abs. 1 Satz 3 SGB IV) gehören steuerfreie Aufwandsentschädigungen und die in § 3 Nr. 26 und 26a EStG genannten steuerfreien Einnahmen nicht zum Arbeitsentgelt in der Sozialversicherung. Darunter fallen beispielsweise Einnahmen aus nebenberuflicher Tätigkeit als Übungsleiter, Ausbilder, Erzieher, Betreuer oder vergleichbarer nebenberuflicher Tätigkeit, aus nebenberuflicher künstlerischer Tätigkeit oder für die Pflege alter, kranker oder behinderter Menschen bis zu einer Höhe von 2.100 € im Jahr. Der steuerliche Freibetrag ist für die Ermittlung des Arbeitsentgelts in der Sozialversicherung ebenso zu berücksichtigen wie im Steuerrecht, d. h., er kann anteilig mit 175 € pro Monat oder en bloc (z. B. jeweils am Jahresanfang) ausgeschöpft werden.

e. Entgeltumwandlung

Entgeltbestandteile, die für Entgeltumwandlungen nach den BetrAVG zugunsten einer betrieblichen Altersvorsorge verwendet werden, sind nicht dem Arbeitsentgelt zuzurechnen, soweit sie 4 % der Beitragsbemessungsgrenze der allgemeinen Rentenversicherung nicht übersteigen. Soweit das Arbeitsentgelt nach der arbeitsrechtlich zulässigen Entgeltumwandlung 450 € monatlich nicht mehr übersteigt, liegt eine geringfügige Beschäftigung vor.

2. Zusammenrechnung mehrerer Beschäftigungen

Übt ein Arbeitnehmer nebeneinander mehrere Beschäftigungen aus, so sind für die versicherungsrechtliche Beurteilung des Arbeitnehmers die Arbeitsentgelte aus den verschiedenen Beschäftigungsverhältnissen zu addieren (§ 8 Abs. 2 SGB IV). Voraussetzung ist, dass es sich um verschiedene Arbeitgeber handelt. Übt ein Arbeitnehmer bei demselben Arbeitgeber mehrere Beschäftigungen aus, so sind diese – unabhängig von der arbeitsrechtlichen Gestaltung – als ein sozialversicherungsrechtliches Beschäftigungsverhältnis anzusehen.[5]

a. Mehrere geringfügige Beschäftigungen

Werden mehrere geringfügig entlohnte Beschäftigungen nebeneinander ausgeübt, sind hinsichtlich der Beurteilung der Frage, ob die Grenze von 450 € überschritten wird, die Arbeitsentgelte aller geringfügig entlohnten Beschäftigungen zu addieren. Dies gilt auch für das Arbeitsentgelt aus geringfügiger Beschäftigung im Privathaushalt. Zu addieren sind also mehrere geringfügig entlohnte Beschäftigungen, mehrere haushaltsnahe geringfügige Beschäftigungen sowie „normale“ und haushaltsnahe geringfügige Beschäftigungen. Beträgt das addierte Arbeitsentgelt zwischen 450,01 € und 850 €, so gelten die Besonderheiten der Gleitzone. Übersteigen die zusammengerechneten Arbeitsentgelte die Grenze von 850 €, tritt die volle Sozialversicherungspflicht ein und es handelt sich um eine reguläre Beschäftigung.

---

[5] Urteil des BSG vom 16. Februar 1983 – 12 RK 26/81.

Beispiel 6

B arbeitet gleichzeitig bei Arbeitgeber 1 zu einem monatlichen Arbeitsentgelt von 300 €, bei Arbeitgeber 2 zu einem monatlichen Arbeitsentgelt von 400 € und bei Arbeitgeber 3 zu einem monatlichen Arbeitsentgelt von 250 €.

monatliches Arbeitsentgelt bei Arbeitgeber 1	300 €
monatliches Arbeitsentgelt bei Arbeitgeber 2	400 €
monatliches Arbeitsentgelt bei Arbeitgeber 3	250 €
Summe	950 €

Die addierten Arbeitsentgelte aus den drei Beschäftigungen übersteigen die Grenze von 450 €. Die Beschäftigungen sind voll versicherungspflichtig. Arbeitgeber 1, Arbeitgeber 2 und Arbeitgeber 3 zahlen anteilig Sozialversicherungsbeiträge aus 950 € an die zuständige Krankenkasse.

Beispiel 7

B arbeitet im Betrieb des Arbeitgebers 1 zu einem monatlichen Arbeitsentgelt von 300 €. Gleichzeitig arbeitet B bei der Familie F als Haushaltshilfe zu einem monatlichen Arbeitsentgelt von 300 €.

monatliches Arbeitsentgelt bei Arbeitgeber 1	300 €
monatliches Arbeitsentgelt bei Familie F	300 €
Summe	600 €

Die addierten Arbeitsentgelte aus den beiden Beschäftigungen übersteigen die Grenze von 450 €. Die Beschäftigungen sind voll versicherungspflichtig. Arbeitgeber 1 und Familie F zahlen anteilig Sozialversicherungsbeiträge aus 600 € nach den Regeln der Gleitzone an die zuständige Krankenkasse.

Nach wie vor werden kurzfristige und geringfügig entlohnte Beschäftigungen nicht addiert.

Beispiel 8

B arbeitet bei Arbeitgeber 1 als Aushilfe befristet vom 01.02. bis zum 28.02. zu einem monatlichen Arbeitsentgelt von 200 €. Zusätzlich nimmt er zum 01.02. bei Arbeitgeber 2 eine (unbefristete) Beschäftigung zu einem monatlichen Arbeitsentgelt von 320 € auf.

monatliches Arbeitsentgelt bei Arbeitgeber 1 (befristet vom 01.02. bis 28.02.)	200 €
monatliches Arbeitsentgelt bei Arbeitgeber 2	320 €

Die von B ausgeübten Beschäftigungen sind beide geringfügig. Eine Zusammenrechnung kommt jedoch nicht in Betracht, da die Beschäftigung bei Arbeitgeber 1 eine kurzfristige Beschäftigung, die bei Arbeitgeber 2 eine geringfügig entlohnte Beschäftigung ist. Arbeitgeber 2 zahlt Pauschalabgaben aus 320 € an die Minijob-Zentrale. Die Beschäftigung bei Arbeitgeber 1 ist abgabenfrei.

b. Hauptbeschäftigung und geringfügige Beschäftigungen

Übt ein Arbeitnehmer neben einer nicht geringfügigen Hauptbeschäftigung bei einem anderen Arbeitgeber weitere geringfügig entlohnte Beschäftigungen aus, so sind diese „mit Ausnahme einer geringfügigen Beschäftigung“ zu addieren (§ 8 Abs. 2 Satz 1 SGB IV i. V. m. § 7 Abs. 1 Satz 2 SGB V, § 6 Abs. 1b Satz 3 SGB VI). Die Hauptbeschäftigung kann dabei entweder eine Beschäftigung in der Gleitzone oder eine voll sozialversicherungspflichtige Beschäftigung mit einem monatlichen Arbeitsentgelt über 850 € sein.

Dies gilt für die Kranken-, Renten- und Pflegeversicherung. Die Arbeitslosenversicherung wird hier anders behandelt. Versicherungsfreie geringfügig entlohnte Beschäftigungen werden in der Arbeitslosenversicherung nicht mit versicherungspflichtigen Hauptbeschäftigungen addiert.

Die Beschränkung „mit Ausnahme einer geringfügigen Beschäftigung“ bedeutet, dass stets eine – und zwar die erste – geringfügig entlohnte Beschäftigung anrechnungsfrei bleibt. Wird also neben einer versicherungspflichtigen Hauptbeschäftigung nur eine geringfügige Beschäftigung ausgeübt, so wird diese nicht mit der Hauptbeschäftigung addiert. Für diese anrechnungsfreie geringfügige Beschäftigung bleibt es bei der Versicherungsfreiheit.

Beispiel 9

B arbeitet bei Arbeitgeber 1 zu einem monatlichen Arbeitsentgelt von 1.500 €. Nebenher arbeitet sie als Aushilfe bei Arbeitgeber 2 zu einem monatlichen Arbeitsentgelt von 300 €.

monatliches Arbeitsentgelt bei Arbeitgeber 1	1.500 €
monatliches Arbeitsentgelt bei Arbeitgeber 2	300 €

Die Beschäftigung bei Arbeitgeber 2 wird als erste anrechnungsfreie geringfügige Beschäftigung in der Kranken-, Pflege und Rentenversicherung nicht mit der Hauptbeschäftigung addiert.

In der Kranken- und Pflegeversicherung besteht Versicherungsfreiheit. In der Rentenversicherung besteht je nach Sachverhalt Versicherungspflicht oder Versicherungsfreiheit (nach Antrag). In der Arbeitslosenversicherung besteht Versicherungsfreiheit, da hier eine Zusammenrechnung von geringfügiger Beschäftigung und versicherungspflichtiger Hauptbeschäftigung nicht erfolgt.

Arbeitgeber 1 zahlt für B Sozialversicherungsbeiträge aus 1.500 € an die zuständige Krankenkasse. Arbeitgeber 2 zahlt Pauschalabgaben aus 300 € an die Minijob-Zentrale.

Erst die weiteren geringfügigen Beschäftigungen – die zweite, die dritte etc. – werden mit der nicht geringfügigen Hauptbeschäftigung addiert. Dabei sind die geringfügigen Beschäftigungen getrennt zu betrachten, d. h., es erfolgt keine Zusammenrechnung der einzelnen geringfügigen Beschäftigungen. Endet eine der neben einer Hauptbeschäftigung ausgeübten geringfügigen Beschäftigungen, so rückt die jeweils nächste zur anrechnungsfreien Beschäftigung auf. Auch hier ist der Beginn des Beschäftigungsverhältnisses entscheidend.

Eine Zusammenrechnung mit einer Hauptbeschäftigung erfolgt nach ausdrücklicher Bestimmung in der Krankenversicherung (und somit auch in der Pflegeversicherung) und in der Rentenversicherung allerdings nur dann, wenn diese Zusammenrechnung Versicherungspflicht begründet (§ 7 Abs. 1 Satz 2 SGB V, § 6 Abs. 1b Satz 3 SGB VI). In diesen Fällen tritt in den gleichzeitig ausgeübten geringfügigen Beschäftigungen – bis auf die erste – Versicherungspflicht in der Kranken- und Pflegeversicherung ein. In der Rentenversicherung bleibt es bei der Versicherungspflicht. Lag eine Befreiung von der Versicherungspflicht vor, tritt nun Versicherungspflicht in der Rentenversicherung ein. Sofern die Hauptbeschäftigung versicherungsfrei ist, bleibt es auch in den gleichzeitig ausgeübten geringfügigen Beschäftigungen bei der Versicherungsfreiheit. Eine Befreiung von der Rentenversicherungspflicht nach § 6 Abs. 1b Satz 1 SGB VI ist in der zweiten und jeder weiteren geringfügigen Beschäftigung, die mit der Hauptbeschäftigung zu addieren ist, ausgeschlossen.[6]

Da die Zusammenrechnung einer geringfügigen Beschäftigung mit einer nicht geringfügigen Hauptbeschäftigung nur dann vorgeschrieben ist, wenn die Hauptbeschäftigung Versicherungspflicht begründet, kommt eine Zusammenrechnung beispielsweise nicht in Betracht, wenn es sich um eine in der Kranken-, Pflege- und Rentenversicherung versicherungsfreie Beamtentätigkeit (§ 6 Abs. 1 Nr. 2 SGB V, § 5 Abs. 1 Nr. 1 SGB VI) handelt. Dasselbe gilt, wenn in der Hauptbeschäftigung Versicherungsfreiheit in der Krankenversicherung wegen Überschreitens der Jahresarbeitsentgeltgrenze vorliegt (§ 6 Abs. 1 Nr. 1 SGB V) oder eine Befreiung von der Rentenversicherungspflicht wegen einer Mitgliedschaft in einem berufsständischen Versorgungswerk besteht (§ 6 Abs. 1 Nr. 1 SGB VI).

---

6 Geringfügigkeits-Richtlinien vom 20. Dezember 2012, Abschnitt B.2.2.2.2.

In der Arbeitslosenversicherung besteht die Besonderheit, dass nicht geringfügige versicherungspflichtige Hauptbeschäftigungen und geringfügig entlohnte Beschäftigungen nicht zusammengerechnet werden (§ 27 Abs. 2 Satz 1 SGB III), so dass die geringfügig entlohnten Beschäftigungen generell versicherungsfrei bleiben. Im Übrigen sind hier auch mehrere geringfügige Beschäftigungen, die neben einer Hauptbeschäftigung ausgeübt werden, in der Arbeitslosenversicherung nicht zusammenzurechnen. Bei Ausübung einer in der Arbeitslosenversicherung versicherungsfreien Hauptbeschäftigung werden die geringfügigen Beschäftigungen allerdings addiert.

Beispiel 10

B arbeitet bei Arbeitgeber 1 zu einem monatlichen Arbeitsentgelt von 950 €. Zusätzlich nimmt B im Mai eine weitere Beschäftigung bei Arbeitgeber 2 zu einem monatlichen Arbeitsentgelt von 100 €, im Juni bei Arbeitgeber 3 zu einem monatlichen Arbeitsentgelt von 200 € auf.

monatliches Arbeitsentgelt bei Arbeitgeber 1	950 €
monatliches Arbeitsentgelt bei Arbeitgeber 2 (Beginn: Mai)	100 €
monatliches Arbeitsentgelt bei Arbeitgeber 3 (Beginn: Juni)	200 €

B unterliegt in seiner Hauptbeschäftigung bei Arbeitgeber 1 der Versicherungspflicht. Die übrigen Beschäftigungen sind geringfügig entlohnte Beschäftigungen. Die Beschäftigung bei Arbeitgeber 2 wird nicht mit der Hauptbeschäftigung addiert, da sie zuerst aufgenommen wurde. Sie bleibt in der Kranken-, Pflege- und Rentenversicherung anrechnungsfrei. Die Beschäftigung bei Arbeitgeber 3 ist mit der Hauptbeschäftigung zu addieren, so dass Versicherungspflicht in der Kranken-, Pflege- und Rentenversicherung eintritt. In der Arbeitslosenversicherung besteht in den geringfügigen Beschäftigungen Versicherungsfreiheit, da das Arbeitsentgelt jeweils 450 € nicht übersteigt und geringfügige Beschäftigungen mit versicherungspflichtigen Hauptbeschäftigungen in der Arbeitslosenversicherung nicht addiert werden. Arbeitgeber 2 zahlt Pauschalbeiträge aus 100 € an die Minijob-Zentrale.

Abwandlung: Wird das Beschäftigungsverhältnis bei Arbeitgeber 2 beendet, rückt die Beschäftigung bei Arbeitgeber 3 zur anrechnungsfreien Beschäftigung auf.

Beispiel 11

B ist privat krankenversicherter Beamter. Nebenher arbeitet er als Aushilfe bei Arbeitgeber 2 zu einem monatlichen Arbeitsentgelt von 200 € und bei Arbeitgeber 3 zu einem monatlichen Arbeitsentgelt von 450 €.

monatliches Arbeitsentgelt (Beamter)	2.000 €
monatliches Arbeitsentgelt bei Arbeitgeber 2	200 €
monatliches Arbeitsentgelt bei Arbeitgeber 3	450 €

In der Hauptbeschäftigung (Beamter) ist B versicherungsfrei. B ist in der Kranken- und damit in der Pflegeversicherung in den Beschäftigungen bei Arbeitgeber 2 und Arbeitgeber 3 versicherungsfrei.[7] In der Renten- und Arbeitslosenversicherung werden die Beschäftigungen bei Arbeitgeber 2 und 3 addiert, da es sich um eine versicherungsfreie Hauptbeschäftigung handelt. Da die Summe 450 € übersteigt, tritt Versicherungspflicht ein. In der Arbeitslosenversicherung werden mehrere neben einer versicherungsfreien Hauptbeschäftigung ausgeübte geringfügige Beschäftigungen addiert.

7 Vgl. § 6 Abs. 3 i. V. m. Abs. 1 Nr. 2 SGB V.

Beispiel 12

B arbeitet bei Arbeitgeber 1 zu einem monatlichen Arbeitsentgelt von 4.500 €. Wegen Überschreitens der Jahresarbeitsentgeltgrenze ist er nicht versicherungspflichtig in der gesetzlichen Krankenversicherung, sondern freiwillig versichert. Im Mai nimmt er eine weitere Beschäftigung bei Arbeitgeber 2 zu einem monatlichen Arbeitsentgelt von 250 € und im Juli bei Arbeitgeber 3 zu einem monatlichen Arbeitsentgelt von 100 € auf.

monatliches Arbeitsentgelt bei Arbeitgeber 1	4.500 €
monatliches Arbeitsentgelt bei Arbeitgeber 2 (Beginn: Mai)	250 €
monatliches Arbeitsentgelt bei Arbeitgeber 3 (Beginn: Juli)	100 €

B unterliegt in der Hauptbeschäftigung der Versicherungspflicht in der Renten- und Arbeitslosenversicherung. Die beiden anderen Beschäftigungen sind geringfügig. Da die Beschäftigung bei Arbeitgeber 2 zuerst aufgenommen wurde, wird sie mit der Hauptbeschäftigung nicht addiert. Die Beschäftigung bei Arbeitgeber 3 ist hingegen mit der Hauptbeschäftigung zu addieren. In der Arbeitslosenversicherung besteht in den Beschäftigungen bei Arbeitgeber 2 und 3 Versicherungsfreiheit, da es sich um geringfügige Beschäftigungen handelt und diese mit versicherungspflichtigen Hauptbeschäftigungen nicht addiert werden. Die Beschäftigung bei Arbeitgeber 3 wird in der Kranken- und Pflegeversicherung nicht mit der Hauptbeschäftigung addiert, da diese keine Versicherungspflicht begründet. Arbeitgeber 2 zahlt Pauschalbeiträge zur Kranken- und Rentenversicherung aus 250 €. Arbeitgeber 3 zahlt ebenfalls Pauschalbeiträge zur Krankenversicherung aus 100 €.

c. Geringfügig entlohnte Beschäftigung neben Bundesfreiwilligendienst, freiwilligem Wehrdienst, Elternzeit oder Leistungsbezug nach SGB III

Eine neben Bundesfreiwilligendienst, freiwilligem Wehrdienst, Elternzeit oder dem Bezug von Leistungen nach dem SGB III (Arbeitslosengeld, Arbeitslosenhilfe) ausgeübte geringfügige Beschäftigung ist versicherungsfrei. Dabei spielt es keine Rolle, ob die geringfügige Beschäftigung bei dem bisherigen oder einem anderen Arbeitgeber ausgeübt wird. Mehrere geringfügige Beschäftigungen, die daneben ausgeübt werden, sind allerdings zu addieren.

Hinweis

Kurzfristig Beschäftigte werden hier anders beurteilt (vgl. A.II.3. zur Berufsmäßigkeit, S. 34 f.).

d. Geringfügig entlohnte Beschäftigung neben dem Bezug von Vorruhestandsgeld

Übt ein in der Kranken-, Pflege- und Rentenversicherung versicherungspflichtiger Bezieher von Vorruhestandsgeld (§ 5 Abs. 3 SGB V, § 20 Abs. 2 SGB XI, § 3 Satz 1 Nr. 4 SGB VI) mehrere geringfügige Beschäftigungen aus, so bleibt eine geringfügige Beschäftigung anrechnungsfrei. Auch hier ist dies die erste geringfügige Beschäftigung. Alle weiteren geringfügig entlohnten Beschäftigungen werden mit dem Vorruhestandsgeld addiert, so dass Versicherungspflicht in der Renten-, Kranken- und Pflegeversicherung eintritt.

Hinweis

Kurzfristig Beschäftigte werden hier anders beurteilt (vgl. A.II.3. zur Berufsmäßigkeit, S. 34 f.).

e. Jahresarbeitsentgeltgrenze in der Krankenversicherung

Ein Arbeitnehmer ist nur dann krankenversicherungspflichtig, wenn sein regelmäßiges Arbeitsentgelt nicht die Jahresarbeitsentgeltgrenze überschreitet. Die allgemeine Jahresarbeitsentgeltgrenze beträgt für das Jahr 2013 52.200 €. Für Arbeitnehmer, die bereits am 31. Dezember 2002 privat krankenversichert waren, gilt im Jahr 2013 die besondere Jahresarbeitsentgeltgrenze von 47.250 €. Zu beachten ist, dass ein Überschreiten der Jahresarbeitsentgeltgrenze auch durch Zusammenrechnung einer Hauptbeschäftigung mit geringfügigen Beschäftigungen eintreten kann.

3. Befreiung von der Rentenversicherungspflicht

Die geringfügige Beschäftigung ist rentenversicherungspflichtig. Der volle Rentenversicherungsbeitrag ist mindestens von einem Arbeitsentgelt i. H. v. 175 € zu zahlen (Mindestbeitragsbemessungsgrenze). Der Arbeitgeberanteil beträgt 15 % vom tatsächlichen Arbeitsentgelt. Der geringfügig entlohnte Beschäftigte trägt die Differenz zwischen dem vollen Beitrag zur Rentenversicherung (2013: 18,9 %) und dem Arbeitgeberanteil. Der geringfügig entlohnte Beschäftigte kann die Befreiung von der Versicherungspflicht in der Rentenversicherung beantragen (§ 6 Abs. 1b SGB VI). Damit entfällt lediglich die Zahlung des Arbeitnehmeranteils und der Nettoverdienst erhöht sich entsprechend. Der Antrag muss schriftlich gegenüber dem Arbeitgeber erfolgen. Ein gestellter Befreiungsantrag ist vom Arbeitgeber mit dem Tag des Eingangs bei ihm zu versehen. Der Antrag ist nicht an die Minijob-Zentrale weiterzuleiten. Die Information, dass eine Befreiung von der Versicherungspflicht vorliegt, erhält die Minijob-Zentrale im Rahmen des Meldeverfahrens zur Sozialversicherung (vgl. C, S. 49).

Hinweis

Der schriftliche Befreiungsantrag dient als Nachweis für die Versicherungsfreiheit des Minijobbers in den Lohnunterlagen (Abdruck im Anhang, S. 99).

Sofern die Minijob-Zentrale dem Befreiungsantrag nicht innerhalb eines Monats widerspricht, wirkt die Befreiung gem. § 6 Abs. 4 SGB VI grundsätzlich ab Beginn des Kalendermonats des Eingangs beim Arbeitgeber, frühestens ab Beschäftigungsbeginn. Voraussetzung ist, dass der Arbeitgeber der Minijob-Zentrale die Befreiung bis zur nächsten Entgeltabrechnung, spätestens innerhalb von sechs Wochen nach Eingang des Befreiungsantrags meldet. Anderenfalls beginnt die Befreiung erst nach Ablauf des Kalendermonats, der dem Kalendermonat des Eingangs der Meldung bei der Minijob-Zentrale folgt.

Der Antrag auf Befreiung von der Rentenversicherungspflicht ist für die gesamte Dauer der Beschäftigung bindend und kann nicht widerrufen werden (§ 6 Abs. 1b Satz 4 SGB VI). Übt ein Arbeitnehmer nebeneinander mehrere geringfügige Beschäftigungen aus, die trotz Zusammenrechnung 450 € nicht überschreiten, kann der Arbeitnehmer nur einheitlich die Befreiung von der Rentenversicherungspflicht beantragen (§ 6 Abs. 1b Satz 4 SGB VI). Die einem Arbeitgeber gegenüber beantragte Befreiung gilt zugleich für die weiteren geringfügig entlohnten Beschäftigungsverhältnisse. Die Minijob-Zentrale informiert alle weiteren Arbeitgeber über den Zeitpunkt der Wirkung der Befreiung.

Mit der Befreiung von der Rentenversicherungspflicht verringert sich nicht nur die Rentenanwartschaft, sondern der geringfügig Beschäftigte verliert auch Ansprüche auf Leistungen zur Rehabilitation, auf Rente wegen Erwerbsminderung und auf Entgeltumwandlung für eine betriebliche Altersversorgung. Außerdem erfüllt der geringfügig Beschäftigte dann nicht mehr die Zugangsvoraussetzungen für eine private Altersvorsorge mit staatlicher Förderung (z. B. Riester-Rente).

II. Kurzfristige Beschäftigung

Kurzfristige Beschäftigungen sind in allen Zweigen der Sozialversicherung versicherungsfrei und – sowohl für den Arbeitgeber als auch für den kurzfristig Beschäftigten – abgabenfrei, d. h., anders als bei der geringfügig entlohnten Beschäftigung werden hier also keine Pauschalbeiträge zur Sozialversicherung fällig.

1. Zeitgrenzen

Eine kurzfristige Beschäftigung liegt vor, wenn sie für eine Dauer ausgeübt wird, die im Laufe eines Kalenderjahres (nicht eines Zeitjahres!) auf nicht mehr als

- zwei Monate

oder

- insgesamt 50 Arbeitstage

nach ihrer Eigenart begrenzt zu sein pflegt oder im Voraus begrenzt ist (§ 8 Abs. 1 Nr. 2 SGB IV). Die Beschäftigung muss nicht en bloc 50 Tage bzw. zwei Monate ausgeübt werden. Die Höhe des Verdienstes ist bei einer kurzfristigen Beschäftigung unerheblich. Das wesentliche Merkmal der kurzfristigen Beschäftigung ist ihre Befristung. Diese kann sich z. B. aus einer vertraglichen Abrede der Parteien oder aus der Beschäftigung selbst ergeben. Eine zeitliche Beschränkung der Beschäftigung nach ihrer Eigenart liegt vor, wenn sie sich vorausschauend aus der Beschäftigung in der Praxis nach der Art, dem Wesen oder dem Umfang der zu verrichtenden Tätigkeit ergibt. Typische Fälle sind hier Saisoneinsätze, z. B. die Aushilfe im Weihnachtsgeschäft. Die Voraussetzungen einer geringfügigen Beschäftigung sind also nur erfüllt, wenn die Beschäftigung von vornherein auf nicht mehr als zwei Monate oder 50 Arbeitstage befristet ist.

Auf den Zeitraum von zwei Monaten ist abzustellen, wenn die Beschäftigung pro Woche an mindestens fünf Tagen ausgeübt wird.[8] Bei weniger als fünf Arbeitstagen pro Woche gilt hingegen der Zeitraum von 50 Arbeitstagen.

---

8 Urteil des BSG vom 27. Januar 1971 – 12 RJ 118/70.

Beispiel 13

a) B arbeitet bei Arbeitgeber 1 an fünf Tagen pro Woche vom 02.06. bis 13.07.
Die Beschäftigung ist kurzfristig, da die für eine Fünf-Tage-Woche maßgebliche Zwei-Monats-Grenze nicht überschritten wird.

b) B arbeitet bei Arbeitgeber 2 an sechs Tagen pro Woche vom 01.02. bis 28.02.
Die Beschäftigung ist kurzfristig, da die für eine Sechs-Tage-Woche maßgebliche Grenze von 50 Arbeitstagen nicht überschritten wird.

2. Mehrere kurzfristige Beschäftigungen

Bei der Prüfung der Frage, ob eine Beschäftigung den Zeitraum von zwei Monaten oder 50 Arbeitstagen überschreitet, werden mehrere kurzfristige Beschäftigungen unabhängig vom erzielten Arbeitsentgelt zusammengerechnet. Dies gilt auch dann, wenn die Beschäftigungen bei verschiedenen Arbeitgebern ausgeübt werden.

Werden an einem Kalendertag mehrere geringfügige Beschäftigungen ausgeübt, gilt dieser als ein Arbeitstag. Überschneiden sich also kurzfristige Beschäftigungen terminlich, müssen die Tage, an denen der Arbeitnehmer gleichzeitig für mehrere Arbeitgeber arbeitet, nicht mehrfach berücksichtigt werden.

Bei der Aufnahme einer neuen Beschäftigung muss der Arbeitgeber stets prüfen, ob diese zusammen mit den schon ausgeübten Vorbeschäftigungen die erlaubten Zeitgrenzen innerhalb des laufenden Kalenderjahres überschreitet. Ergibt die Prüfung, dass durch die Zusammenrechnung die zulässige Grenze überschritten wird, so handelt es sich um eine regelmäßige – nicht mehr kurzfristige – Beschäftigung. Hier ist ggf. weiter zu prüfen, ob es sich um eine geringfügig entlohnte Beschäftigung handelt.

Nach Auslegung der Spitzenorganisationen der Sozialversicherungsträger[9] gilt dies auch für Beschäftigungen, die über den Jahreswechsel hinaus ausgeübt werden. Beginnt eine Beschäftigung in einem Kalenderjahr, in dem die Zeitgrenze von zwei Monaten bzw. von 50 Arbeitstagen überschritten wird, so tritt Versicherungspflicht für die gesamte Beschäftigung ein, also auch für die in das folgende Kalenderjahr fallende Beschäftigungszeit. Überschreitet die Beschäftigung den Zeitraum von zwei Monaten bzw. 50 Arbeitstagen unter Hinzurechnung der Vorbeschäftigung nicht, so bleibt die kalenderüberschreitende Beschäftigung auch über den Jahreswechsel versicherungsfrei.

Beispiel 14

B nimmt bei Arbeitgeber 2 am 01.12.2012 eine bis zum 31.01.2013 befristete Beschäftigung auf. Er hat bereits vom 01.04.2012 bis 31.05.2012 bei Arbeitgeber 1 eine kurzfristige Beschäftigung ausgeübt.

Beschäftigung bei Arbeitgeber 1	01.04.2012–31.05.2012
Beschäftigung bei Arbeitgeber 2	01.12.2012–31.01.2013

Die Beschäftigung bei Arbeitgeber 2 ist nicht kurzfristig, da im Kalenderjahr 2012 die Beschäftigungsdauer unter Berücksichtigung der Vorbeschäftigung zwei Monate überschreitet.

Versicherungspflicht besteht auch über den Jahreswechsel hinaus, da eine nach Kalenderjahren getrennte Betrachtung nicht erfolgt. Arbeitgeber 2 zahlt für B Sozialversicherungsbeiträge.

---

9 Geringfügigkeitsrichtlinien vom 20. Dezember 2012, Abschnitt B 2.3.2.

Beispiel 15

B nimmt bei Arbeitgeber 2 eine vom 01.12.2012 bis 31.01.2013 befristete Beschäftigung mit einem Entgelt von 500 € auf. Er hat bereits vom 01.04.2012 bis 28.04.2012 bei Arbeitgeber 1 gearbeitet.

Beschäftigung bei Arbeitgeber 1	01.04.2012–28.04.2012
Beschäftigung bei Arbeitgeber 2	01.12.2012–31.01.2013

Die Beschäftigung bei Arbeitgeber 2 ist kurzfristig, da im Kalenderjahr 2012 die Beschäftigungsdauer unter Berücksichtigung der Vorbeschäftigung zwei Monate nicht überschreitet. Versicherungsfreiheit besteht auch über den Jahreswechsel hinaus, weil eine nach Kalenderjahren getrennte Betrachtung nicht erfolgt.

Bei einer Zusammenrechnung von mehreren Beschäftigungszeiten treten an die Stelle des Zwei-Monats-Zeitraums 60 Kalendertage. Dies gilt allerdings nicht, wenn es sich bei den einzelnen Beschäftigungszeiten um volle Monate handelt. Sind bei einer Addition sowohl Beschäftigungszeiten zu berücksichtigen, in denen die Beschäftigung regelmäßig an mindestens fünf Tagen pro Woche ausgeübt wird, als auch Beschäftigungszeiten, in denen der Arbeitnehmer an weniger als fünf Tagen pro Woche arbeitet, ist einheitlich von dem Zeitraum von 50 Arbeitstagen auszugehen.

Hinweis

Für die Zusammenrechnung kurzfristiger Beschäftigungen innerhalb des laufenden Kalenderjahres gilt:

a) Ergeben die jeweiligen Beschäftigungszeiten volle Kalendermonate, ist auf den Zeitraum von zwei Monaten abzustellen.

01.01.–31.01.	=	1 Kalendermonat
01.05.–31.05.	=	1 Kalendermonat

Der Zeitraum von zwei Monaten wird nicht überschritten. Die Beschäftigung bleibt kurzfristig.

b) Ergeben die jeweiligen Beschäftigungszeiten keine vollen Kalendermonate und werden die Beschäftigungen alle an mindestens fünf Tagen pro Woche ausgeübt, ist auf den Zeitraum von 60 Kalendertagen abzustellen.

01.01.–25.01. (5 Tage pro Woche)	=	25 Kalendertage
01.05.–22.05. (5 Tage pro Woche)	=	22 Kalendertage
		47 Kalendertage

Der Zeitraum von 60 Kalendertagen wird nicht überschritten. Die Beschäftigung bleibt kurzfristig.

c) Ergeben die jeweiligen Beschäftigungszeiten keine vollen Kalendermonate und werden die Beschäftigungen nicht alle an mindestens fünf Tagen pro Woche ausgeübt, ist auf den Zeitraum von 50 Arbeitstagen abzustellen.

06.01.–09.02. (5 Tage pro Woche)	=	25 Arbeitstage
01.05.–24.05. (3 Tage pro Woche)	=	12 Arbeitstage
		37 Arbeitstage

Der Zeitraum von 50 Arbeitstagen wird nicht überschritten. Die Beschäftigung bleibt kurzfristig.

3. Berufsmäßigkeit

Übersteigt das monatliche Arbeitsentgelt 450 €, ist weiterhin zu prüfen, ob die Beschäftigung berufsmäßig ausgeübt wird. Ist dies der Fall, handelt es sich nicht mehr um eine kurzfristige Beschäftigung, sondern um eine versicherungspflichtige Beschäftigung. Von einer berufsmäßigen Beschäftigung ist auszugehen, wenn sie für den Arbeitnehmer nicht von untergeordneter wirtschaftlicher Bedeutung ist[10] und sie allein oder überwiegend dessen Lebensunterhalt sichert. Bei dieser Beurteilung sind die gesamten Lebensverhältnisse des Arbeitnehmers zu berücksichtigen. Für einige Personengruppen bzw. Fallkonstellationen gelten für die Prüfung der Berufsmäßigkeit folgende Grundsätze:

Berufsmäßigkeit liegt grundsätzlich nicht vor bei

- kurzfristigen Beschäftigungen zwischen Abitur und Studium,
- kurzfristigen Beschäftigungen zwischen Abitur und Bundesfreiwilligendienst oder freiwilligem Wehrdienst, wenn die Aufnahme eines späteren Studiums beabsichtigt ist.

Berufsmäßigkeit ist grundsätzlich anzunehmen bei

- kurzfristigen Beschäftigungen zwischen Schulentlassung bzw. Abschluss des Studiums und Eintritt in das Berufsleben,
- kurzfristigen Beschäftigungen während des Bezugs von Arbeitslosengeld I und Arbeitslosengeld II,
- kurzfristigen Beschäftigungen während des Bezugs von Sozialhilfe,
- Arbeitssuchenden, die beim Arbeitsamt gemeldet sind,
- kurzfristigen Beschäftigungen während unentgeltlicher Beurlaubung,

---

10 BSG vom 28. Oktober 1960 – 3 RK 31/56.

- kurzfristigen Beschäftigungen während des Bundesfreiwilligendienstes oder freiwilligen Wehrdienstes,

- Teilzeitbeschäftigungen während der Elternzeit.

Hinweis

Erfüllt eine Beschäftigung alle Voraussetzungen einer kurzfristigen Beschäftigung, tritt dennoch Versicherungspflicht ein, wenn Berufsmäßigkeit vorliegt und das regelmäßige monatliche Arbeitsentgelt 450 € übersteigt. Diese Prüfung muss der Arbeitgeber nicht vornehmen bei geringfügig entlohnten Beschäftigungen oder wenn von vornherein feststeht, dass die Beschäftigung wegen der Zusammenrechnung mit weiteren Beschäftigungen bereits nicht mehr als kurzfristig anzusehen ist.

4. Rahmenarbeitsvertrag

Hinsichtlich der Unterscheidung zwischen geringfügig entlohnter und kurzfristiger Beschäftigung tauchen in der Praxis immer wieder Probleme auf. Eine Beschäftigung, die sich über einen längeren Zeitraum ständig wiederholt, kann nicht in eine kurzfristige Beschäftigung umgedeutet werden. Bei einer Betriebsprüfung drohen bei einer solchen Vorgehensweise Nachberechnungen. Möglich ist jedoch, das Beschäftigungsverhältnis in einem Rahmenarbeitsvertrag zu gestalten. Nach der Rechtsprechung des Bundessozialgerichts (BSG) liegt keine kurzfristige Beschäftigung vor, wenn die Dauer von 50 Arbeitstagen im Laufe eines Kalenderjahres innerhalb eines Dauerschuldverhältnisses oder innerhalb eines Rahmenarbeitsvertrags vereinbart wird, der über ein Kalenderjahr hinausgeht.[11] Daraus folgt, dass eine kurzfristige Beschäftigung nur dann vorliegt, wenn ein Rahmenarbeitsvertrag von bis zu einem Jahr geschlossen wird, in dem ein Arbeitseinsatz von max. 50 Arbeitstagen vereinbart wird. Der Einsatz kann dann innerhalb des Rahmenvertrags flexibel erfolgen.

---

11 Urteile des BSG vom 11. Mai 1993 – 12 RK 23/91 – und vom 23. Mai 1995, 12 KR 60/93.

III. Überschreiten der Arbeitsentgelt- und Zeitgrenzen

1. Geringfügige Beschäftigung

Überschreitet das regelmäßige monatliche Arbeitsentgelt 450 €, so liegt vom Tage des Überschreitens an keine geringfügige Beschäftigung mehr vor. Dies gilt jedoch nur für die Zukunft, für die Vergangenheit bleibt es bei einer geringfügigen Beschäftigung. Ein nur gelegentliches und nicht vorhergesehenes Überschreiten der Arbeitsentgeltgrenze ist unbeachtlich. Dabei ist als „gelegentlich" ein Zeitraum von zwei Monaten innerhalb eines Jahres anzusehen. Für eine solche Überschreitung gilt keine Entgeltgrenze. Voraussetzung ist, dass mit der Überschreitung nicht zu rechnen war und sie nicht auf einer Vereinbarung zwischen Arbeitnehmer und Arbeitgeber beruht. Der typische Fall einer solchen gelegentlichen und unvorhergesehenen Überschreitung ist die Krankheitsvertretung. Problematisch wird es bereits, wenn regelmäßig Urlaubsvertretungen wahrgenommen werden oder wenn zu bestimmten, jährlich wiederkehrenden Zeiten, wie z. B. im Weihnachtsgeschäft, die Mehrarbeit von ansonsten geringfügig Beschäftigten übernommen wird.

Beispiel 16

B ist bei Arbeitgeber 1 zu einem monatlichen Arbeitsentgelt von 440 € beschäftigt. Vom 01.05. bis 31.05. übernimmt B unerwartet eine Krankheitsvertretung. Im Monat Mai beträgt sein Arbeitsentgelt deswegen 600 €.

monatliches Arbeitsentgelt Jan.–April/Juni–Dez.	11 x 440 € = 4.840 €
Arbeitsentgelt Mai 600 €	600 €

tatsächliches Jahresarbeitsentgelt 5.440 €
450-€-Grenze: 12 x 450 = 5.400 € im Jahr

Da es sich um ein gelegentliches und unvorhergesehenes Überschreiten der 450-€-Grenze handelt, ist B trotz der Überschreitung der 450-€-Grenze im Mai von Januar bis Dezember geringfügig beschäftigt. Für den Monat Mai zahlt der Arbeitgeber Pauschalbeiträge aus 600 € an die Minijob-Zentrale.

Wird bei demselben Arbeitgeber unmittelbar anschließend an eine geringfügig entlohnte Beschäftigung eine kurzfristige Beschäftigung vereinbart, die die Geringfügigkeitsgrenze von 450 € monatlich überschreiten soll, wird nach Vereinbarung der Spitzenorganisationen der Sozialversicherungsträger widerleglich vermutet, dass es sich um die Fortsetzung des ursprünglichen Beschäftigungsverhältnisses handelt.[12] Für das kurzfristige Beschäftigungsverhältnis tritt dann Versicherungspflicht ein. Damit die Anschlussbeschäftigung als geringfügig gilt, muss dargelegt werden, dass es sich um zwei Beschäftigungsverhältnisse ohne Zusammenhang handelt (z. B. zunächst Beschäftigung als Kassierer, anschließend Beschäftigung als Fahrer).

In den Fällen, in denen die Entgeltgrenze infolge einer rückwirkenden Erhöhung des Arbeitsentgelts überschritten wird, beginnt die Versicherungspflicht an dem Tag, an dem der Anspruch auf das höhere Arbeitsentgelt entstanden ist. Für die Vergangenheit bleibt es bei der Versicherungsfreiheit. Allerdings sind in diesen Fällen für das nachgezahlte Arbeitsentgelt Pauschalbeiträge zu zahlen.

Beispiel 17

B arbeitet zu einem Arbeitsentgelt von 440 €. Durch Tarifvertrag vom 20.10. wird das Arbeitsentgelt rückwirkend vom 01.09. an auf 480 € erhöht.

---

12 Geringfügigkeitsrichtlinien vom 20. Dezember 2012, Abschnitt B 2.4.

Wegen der rückwirkenden Erhöhung wird die 450-€-Grenze vom 01.09. an überschritten. Die Versicherungspflicht beginnt jedoch erst am 20.10., da an diesem Tag der Anspruch auf das höhere Entgelt entsteht. Ab dem 20.10. zahlt der Arbeitgeber für B Sozialversicherungsbeiträge an die zuständige Krankenkasse. Für den Zeitraum vom 01.09. an muss der Arbeitgeber Pauschalbeiträge aus 40 € monatlich nachzahlen.

2. Kurzfristige Beschäftigung

Überschreitet eine Beschäftigung, die als kurzfristig angesehen wurde, entgegen der ursprünglichen Erwartung die erlaubte Dauer, so tritt vom Tag des Überschreitens an Versicherungspflicht ein. Dies gilt nicht, wenn es sich um eine geringfügig entlohnte Beschäftigung handelt mit einem monatlichen Bruttoentgelt von max. 450 €.

Stellt sich erst im Laufe der Beschäftigung heraus, dass sie länger dauern wird, beginnt die Versicherungspflicht bereits mit dem Tag, an dem das Überschreiten der Zeitgrenze erkennbar wird – nicht erst nach Ablauf der zwei Monate bzw. der 50 Arbeitstage. Für die zurückliegende Zeit bleibt es bei der Versicherungsfreiheit.

Sofern ein auf ein Jahr oder weniger befristeter Rahmenarbeitsvertrag mit einem Arbeitseinsatz von max. 50 Arbeitstagen vereinbart wurde, liegt vom Zeitpunkt der Vereinbarung der Verlängerung an eine regelmäßige Beschäftigung vor. Dasselbe gilt, wenn im unmittelbaren Anschluss an einen Rahmenarbeitsvertrag ein neuer Rahmenarbeitsvertrag geschlossen wird. Dies gilt nicht, wenn zwischen den beiden Rahmenarbeitsverträgen ein Zeitraum von mindestens zwei Monaten liegt.[13]

---

[13] Geringfügigkeitsrichtlinien vom 20. Dezember 2012, Abschnitt 3.2.

Beispiel 18

B nimmt am 01.05. eine Beschäftigung als Aushilfe zu einem monatlichen Arbeitsentgelt von 1.500 € auf. Er vertritt nacheinander zwei Kolleginnen während des Urlaubs und arbeitet dabei an sechs Tagen pro Woche. Die Vertretung soll am 15.06. beendet sein. Der Arbeitgeber und B gehen von einer versicherungsfreien kurzfristigen Beschäftigung aus.

a) Die zuletzt vertretene Kollegin teilt dem Arbeitgeber am 15.06. mit, dass sie ihre Arbeit erst am 01.07. aufnehmen kann. Die Urlaubsvertretung des B wird bis zum 30.06. verlängert. Der Zeitraum von zwei Monaten wird durch die Verlängerung nicht überschritten. Es liegt eine kurzfristige Beschäftigung vor.

b) Die zuletzt vertretene Kollegin teilt am 15.06. mit, dass sie ihre Arbeit erst am 01.07. aufnehmen kann. Tatsächlich nimmt sie entgegen ihrer Ankündigung ihre Arbeit erst am 15.07 wieder auf. B übernimmt die Urlaubsvertretung bis zum 15.07. Vom 01.07. an tritt Versicherungspflicht ein, da die Beschäftigung wegen Überschreitens der Zwei-Monats-Grenze nicht mehr als kurzfristig anzusehen ist. Bis zum 01.07. bleibt es bei der Versicherungsfreiheit.

c) Die zuletzt vertretene Kollegin teilt am 15.06. mit, dass sie ihre Arbeit erst am 15.07. wieder aufnehmen kann. Die Beschäftigung des B gilt ab dem 15.06. nicht mehr als kurzfristig, da bereits zu diesem Zeitpunkt feststeht, dass er die Zwei-Monats-Grenze überschreiten wird. Die Versicherungsfreiheit endet am 14.06.

3. Besonderheiten in der Arbeitslosenversicherung

Geringfügig Beschäftigte sind in der Arbeitslosenversicherung versicherungsfrei (§ 27 Abs. 2 HS 1 SGB III). Eine Ausnahmeregelung besteht für solche Arbeitnehmer, die neben dem Anspruch auf Arbeitslosengeld eine mehr als geringfügige, aber kurzzeitige[14] Beschäftigung ausüben. Als kurzzeitig wird dabei eine Beschäftigung von bis zu 15 Wochenstunden angesehen.

Hinweis

Personen, die neben dem Bezug von Arbeitslosengeld eine Beschäftigung ausüben, die zwar 450 € überschreitet, jedoch 15 Wochenstunden unterschreitet, sind während des Leistungsbezugs in der Arbeitslosenversicherung versicherungsfrei. Diese Besonderheit gilt nur in der Arbeitslosenversicherung. In den übrigen Zweigen der Sozialversicherung besteht Versicherungspflicht, da von einer berufsmäßigen Ausübung der Beschäftigung auszugehen ist (vgl. A.II.3., S. 34 f.).

IV. Beginn der Versicherungspflicht bei Feststellung von Mehrfachbeschäftigung

Der Arbeitgeber muss zu Beginn des Beschäftigungsverhältnisses eine sozialversicherungsrechtliche Beurteilung des Arbeitnehmers vornehmen, um den Gesamtsozialversicherungsbeitrag korrekt berechnen und die erforderlichen Meldungen abgeben zu können. Dazu ist der Arbeitnehmer verpflichtet, dem Arbeitgeber die zur Durchführung des Meldeverfahrens und der Beitragszahlung erforderlichen Angaben zu machen. Dies gilt bei mehreren Beschäftigungen gegenüber allen beteiligten Arbeitgebern (§ 28o SGB IV). Insbesondere muss der Arbeitnehmer den Arbeitgeber über gleichzeitig ausgeübte weitere Beschäftigungen und Vorbeschäftigungen bei anderen Arbeitgebern aufklären. Nur so kann der Arbeitgeber feststellen, ob es sich tatsächlich um eine versicherungsfreie geringfügig entlohnte oder kurzfristige Beschäfti-

---

14 Wichtig: „Kurzzeitig“ bedeutet hier nicht dasselbe wie „kurzfristig“.

gung oder um eine versicherungspflichtige Beschäftigung handelt. Erfüllt der Arbeitnehmer seine Auskunftspflicht nicht, nicht richtig oder nicht rechtzeitig, begeht er eine Ordnungswidrigkeit, die mit Bußgeld belegt werden kann (§ 111 Abs. 1 Nr. 4 SGB IV).

Gem. § 8 Abs. 2 Nr. 7 BVV ist die Erklärung des kurzfristig geringfügig Beschäftigten über weitere kurzfristige Beschäftigungen im Kalenderjahr oder die Erklärung des geringfügig entlohnten Beschäftigten über weitere Beschäftigungen sowie in beiden Fällen die Bestätigung, dass die Aufnahme weiterer Beschäftigungen dem Arbeitgeber anzuzeigen sind, zu den Entgeltunterlagen zu nehmen. Diese Pflicht kann der Arbeitgeber erfüllen, indem er den Minijobber die von der BDA entwickelte „Checkliste für geringfügig und kurzfristig Beschäftigte" ausfüllen lässt und diese zu den Lohnunterlagen nimmt (vgl. Anhang, S. 88).

Stellt die Minijob-Zentrale durch Datenabgleich oder ein Träger der Rentenversicherung im Rahmen einer Betriebsprüfung im Nachhinein fest, dass wegen einer notwendigen Zusammenrechnung der geringfügigen Beschäftigung mit weiteren (Vor-)Beschäftigungen eigentlich Versicherungspflicht vorliegt, tritt diese mit dem Tag der Bekanntgabe dieser Feststellung ein (§ 8 Abs. 2 Satz 3 SGB IV).

Eine Ausnahme gilt gem. § 8 Abs. 2 Satz 4 SGB VI nur dann, wenn der Arbeitgeber es vorsätzlich oder fahrlässig versäumt hat, den Sachverhalt für die versicherungsrechtliche Beurteilung der Beschäftigung aufzuklären. Zur Vermeidung des Vorwurfs von Vorsatz oder grober Fahrlässigkeit empfiehlt die Minijob-Zentrale, den Arbeitnehmer vor Beginn der Beschäftigung mit Hilfe der von der BDA entwickelten „Checkliste für geringfügig und kurzfristig Beschäftigte" (vgl. Anhang, S. 88) nach weiteren Beschäftigungen zu befragen. Die Checkliste kann der Arbeitgeber dem Arbeitnehmer mit der Bitte um gewissenhafte Ausfüllung vorlegen oder gemeinsam mit dem Arbeitnehmer ausfüllen, falls zu befürchten ist, dass der Arbeitnehmer nicht alle Fragen versteht.

Beispiel 19

B nimmt am 1. Januar bei Arbeitgeber 1 eine Beschäftigung zu einem monatlichen Arbeitsentgelt von 300 € auf. Am 1. Februar nimmt er bei Arbeitgeber 2 eine weitere Beschäftigung zu einem monatlichen Arbeitsentgelt von 300 € auf. B teilt Arbeitgeber 2 auf dessen Nachfrage schriftlich mit, keine weiteren Beschäftigungen auszuüben. Dieser meldet eine geringfügige Beschäftigung an die Minijob-Zentrale und führt Pauschalbeiträge ab. B informiert auch Arbeitgeber 1 nicht über die Aufnahme der Beschäftigung bei Arbeitgeber 2, obwohl dieser ihn bei der Einstellung auf seine Pflicht zur Mitteilung von Änderungen hingewiesen hat.

Die Minijob-Zentrale stellt im Juni fest, dass B mehrere Beschäftigungen ausübt und die addierten Arbeitsentgelte die Grenze von 450 € überschreiten. Sie teilt Arbeitgeber 1 und Arbeitgeber 2 den Eintritt der Versicherungspflicht zum 1. Juli mit. Arbeitgeber 1 und Arbeitgeber 2 melden B bei der Minijob-Zentrale ab und bei der entsprechenden Krankenkasse an. Ab dem 1. Juli zahlen beide für B anteilig Sozialversicherungsbeiträge aus 600 € an die zuständige Krankenkasse (nach den Regeln der Beschäftigung in der Gleitzone).

Eine Beitragsnachforderung für die Vergangenheit kommt nicht in Betracht, da beide Arbeitgeber sich ordnungsgemäß verhalten haben, also weder vorsätzlich noch fahrlässig die Aufklärung des Sachverhalts unterlassen haben.

B. Beiträge

Für geringfügig entlohnte Beschäftigungen hat der Arbeitgeber pauschale Beiträge zur gesetzlichen Renten- und Krankenversicherung zu zahlen. Die Beiträge sind ebenso wie der Gesamtsozialversicherungsbeitrag für „normale" Beschäftigte am drittletzten Bankarbeitstag eines Monats fällig. Für die Pflege- und Arbeitslosenversicherung sind keine Pauschalabgaben zu entrichten. Zusätzlich führt der Arbeitgeber zusammen mit diesen Beiträgen eine Pauschsteuer i. H. v. 2 % an die Minijob-Zentrale ab. Die vom Arbeitgeber zu tragenden Pauschalabgaben betragen:

- 13 % Krankenversicherung
- 15 % Rentenversicherung
- 2 % Pauschsteuer

Hinweis

Die Pauschalbeiträge zur Kranken- und Rentenversicherung hat der Arbeitgeber alleine zu tragen. Eine Beteiligung des Arbeitnehmers oder eine vollständige Abwälzung der Pauschalbeiträge ist nicht zulässig (vgl. z. B. ArbG Kassel vom 13.01.2000 – 6 Ca 513/99). Die Abwälzung der Pauschalbeiträge auf den Arbeitnehmer kann mit einem Bußgeld von bis zu 5.000 € belegt werden (§ 249b SGB V, § 172 Abs. 4 SGB VI i. V. m. § 111 Abs. 2, 4 SGB IV). Die Pauschsteuer hingegen kann im Innenverhältnis auf den Arbeitnehmer übertragen werden (vgl. BAG, Urteil vom 01.02.2006 – 5 AZR 628/04).

Überschreitet das Arbeitsentgelt wegen Zusammenrechnung mehrerer geringfügiger Beschäftigungen die 450-€-Grenze oder ist eine geringfügig entlohnte Beschäftigung mit einer versicherungspflichtigen Hauptbeschäftigung zu addieren, gelten die beitragsrechtlichen Regelungen der Gleitzone oder die üblichen Beitragsregelungen. Zu beachten ist, dass der Arbeitgeber für eine neben einer versicherungspflichtigen Hauptbeschäftigung ausgeübte anrechnungsfreie geringfügig entlohnte Beschäftigung Pauschalabgaben abzuführen hat.

I. Pauschalbeitrag zur Krankenversicherung

Der Pauschalbeitrag zur Krankenversicherung beträgt 13 % des Arbeitsentgelts (§ 249b Satz 1 SGB V). Aus den pauschalen Beiträgen des Arbeitgebers zur Krankenversicherung entsteht kein eigenes Krankenversicherungsverhältnis für den geringfügig Beschäftigten. Voraussetzung für die Pflicht zur Zahlung des Pauschalbeitrags ist, dass der geringfügig Beschäftigte

- in der gesetzlichen Krankenversicherung versichert ist und
- in der geringfügig entlohnten Beschäftigung krankenversicherungsfrei oder nicht versicherungspflichtig ist.

1. Versicherung in der gesetzlichen Krankenversicherung

Der Pauschalbeitrag fällt nur an, wenn der geringfügig Beschäftigte in der gesetzlichen Krankenversicherung versichert ist. Es kann sich um eine Pflichtversicherung, eine freiwillige Versicherung oder eine Familienversicherung handeln.

Hinweis

Ist der geringfügig Beschäftigte privat krankenversichert, fällt kein Pauschalbeitrag zur Krankenversicherung an.

2. Krankenversicherungsfreie oder nicht versicherungspflichtige geringfügig Beschäftigte

Der Pauschalbeitrag kommt für geringfügig entlohnte Beschäftigte in Betracht, die nach § 6 SGB V krankenversicherungsfrei sind, und für diejenigen, die aus einem der in § 8 SGB V genannten Gründe von der Versicherungspflicht befreit sind. Besteht eine gesetzliche Krankenversicherung, ist der Pauschalbeitrag also auch für krankenversicherungsfreie Arbeitnehmer (§ 6 Abs. 1 Nr. 1 SGB V), für krankenversicherungsfreie Beamte (§ 6 Abs. 1 Nr. 2 SGB V) und für krankenversicherungsfreie Werkstudenten (§ 6 Abs. 1 Nr. 3 SGB V) zu zahlen.

3. Studenten und Praktikanten

Der Pauschalbeitrag ist auch für krankenversicherungsfreie geringfügig beschäftigte Studenten zu zahlen, die beispielsweise über ihre Eltern gesetzlich krankenversichert sind. Für Studenten, die einer mehr als geringfügig entlohnten Beschäftigung nachgehen, ist die Beschäftigung trotzdem krankenversicherungsfrei, wenn sie nicht mehr als 20 Stunden pro Woche ausgeübt wird.

Für Praktikanten muss der Arbeitgeber aufgrund des Praktikums auch dann keinen Pauschalbeitrag zur gesetzlichen Krankenversicherung entrichten, wenn das Praktikum die Kriterien einer geringfügigen Beschäftigung erfüllt. Wird neben einem Zwischen-, Vor- oder Nachpraktikum eine geringfügige Beschäftigung ausgeübt und ist der Praktikant gesetzlich krankenversichert, ist der Pauschalbeitrag zur Krankenversicherung zu zahlen.

4. Selbstständige

Der Pauschalbeitrag ist auch für (freiwillig gesetzlich krankenversicherte) hauptberuflich selbstständig Erwerbstätige (§ 5 Abs. 5 SGB V) zu zahlen, die neben ihrer selbstständigen Tätigkeit eine geringfügige Beschäftigung ausüben.

5. Versicherte in der landwirtschaftlichen Krankenversicherung

Übt ein geringfügig Beschäftigter eine krankenversicherungsfreie oder krankenversicherungspflichtige Beschäftigung aus, der wegen einer anderen Beschäftigung bei einer landwirtschaftlichen Krankenversicherung versichert ist, muss der Arbeitgeber ebenfalls eine Pauschalabgabe zur Krankenversicherung i. H. v. 13 % an die Minijob-Zentrale entrichten (§ 48 Abs. 6 KVLG 1989 i. V. m. § 249b SGB V).

Hinweis

Für die Entrichtung des Pauschalbeitrags zur Krankenversicherung kommt es nicht darauf an, ob, von wem und in welcher Höhe bereits Beiträge aufgrund der bestehenden Mitgliedschaft gezahlt werden.

II. Pauschalbeitrag zur Rentenversicherung

Zur Rentenversicherung zahlt der Arbeitgeber für den geringfügig Beschäftigten einen Pauschalbeitrag i. H. v. 15 %[15] des Arbeitsentgelts und der geringfügig Beschäftigte den Differenzbetrag von derzeit 3,9 % zum vollen Rentenversicherungsbeitrag von derzeit 18,9 % (§ 168 Abs. 1 Nr. 1b SGB VI). Hat der geringfügig Beschäftigte die Befreiung von der Rentenversicherungspflicht beantragt, entfällt sein Eigenanteil.

Der Arbeitgeber behält den Eigenanteil des geringfügig Beschäftigten vom Lohn ein und führt den gesamten Rentenversicherungsbeitrag an die Minijob-Zentrale ab. Dies gilt auch für Versicherte der knappschaftlichen Rentenversicherung. Für die Berechnung der Pflichtbeiträge ist als Mindestbeitragsbemessungsgrundlage ein Betrag von 175 € zugrunde zu legen (§ 163 Abs. 8 SGB VI). Dies bedeutet bei einem Beitragssatz von 18,9 %, dass ein Mindestbeitrag von 33,08 € zu zahlen ist.

Beispiel 20

B erzielt ein monatliches Arbeitsentgelt von 100 €. Er ist nicht von der Rentenversicherungspflicht befreit.

Mindestbeitrag	33,08 € (18,9 % von 175 €)
Arbeitgeberanteil	15,00 € (15 % von 100 €)
Arbeitnehmeranteil	18,08 €

B muss den Beitrag zur Rentenversicherung um 18,08 € aufstocken.

[15] Bei der geringfügigen Beschäftigung im Privathaushalt zahlt der Arbeitgeber einen Anteil von 5 % (§ 168 Abs. 1 Nr. 1c SGB VI).

1. Rentenversicherungsfreie und von der Versicherungspflicht befreite geringfügig Beschäftigte

Der Pauschalbeitrag ist auch für Personen zu zahlen, die von der Rentenversicherungspflicht befreit sind (§§ 6, 229 Abs. 6, 231, 231a SGB VI), sowie für rentenversicherungsfreie Personen (§§ 5 Abs. 4, 172 Abs. 3 Satz 1, 3a SGB VI). Hierzu gehören

- Bezieher einer Vollrente wegen Alters
- Ruhestandsbeamte, gleichgestellte Personen sowie Bezieher einer berufsständischen Altersversorgung
- Personen nach Vollendung des 65. Lebensjahres, die bis zur Vollendung des 65. Lebensjahres nicht versichert waren oder nach Vollendung des 65. Lebensjahres aus ihrer Versicherung eine Beitragserstattung erhalten haben

Diese geringfügig Beschäftigten sind von der Zahlung eines Eigenanteils zur gesetzlichen Rentenversicherung von vornherein befreit.

2. Studenten und Praktikanten

Die Regelung zur Zahlung von Pauschalbeiträgen gilt nicht für Studenten, die an einer Fachschule oder Hochschule ein

- in ihrer Studien- oder Prüfungsordnung vorgeschriebenes Praktikum oder
- nicht in ihrer Prüfungsordnung vorgeschriebenes Praktikum ohne Arbeitsentgelt oder gegen Arbeitsentgelt, das regelmäßig 450 € im Monat nicht übersteigt (Zwischenpraktikum), ableisten (§ 172 Abs. 3 Satz 2 SGB VI).

Übt ein Student neben einem dieser Praktika eine geringfügige Beschäftigung aus, hat der Arbeitgeber den Pauschalbeitrag zur Rentenversicherung zu zahlen.

III. Berechnung und Abführung der Beiträge

Die Pauschalbeiträge zur Kranken- und Rentenversicherung hat der Arbeitgeber an die Minijob-Zentrale abzuführen, die seit dem 1. April 2003 zentrale Einzugsstelle für geringfügig Beschäftigte ist. Die Beitragsberechnung erfolgt aus dem tatsächlichen monatlichen Arbeitsentgelt. Dabei kann es sich in einzelnen Berechnungsmonaten um ein Entgelt handeln, das 450 € übersteigt, so z. B. bei schwankendem Arbeitsentgelt oder bei einem gelegentlichen, unvorhersehbaren Überschreiten der 450-€-Grenze.

Führt die Zusammenrechnung mit einer anderen geringfügigen oder nicht geringfügigen Beschäftigung zum Eintritt der Versicherungspflicht, muss der Arbeitgeber die Beiträge nach dem jeweiligen Beitragssatz in den Zweigen der Sozialversicherung berechnen und an die zuständige Krankenkasse abführen. Die Beiträge sind von den Arbeitgebern anteilig entsprechend dem jeweils ausgezahlten Arbeitsentgelt zu tragen. Fällt das Arbeitsentgelt in die Gleitzone, finden deren besondere Regelungen Anwendung.

IV. Beitragsnachweis

Der Arbeitgeber muss die Beiträge im einzelnen Abrechnungsmonat schriftlich festhalten. Dafür existiert ein separater „Beitragsnachweis für geringfügig Beschäftigte", der an die Minijob-Zentrale abzugeben ist. Hier sind die Pauschalbeiträge zur Kranken- und Rentenversicherung bzw. der volle Beitrag zur Rentenversicherung bei Rentenversicherungspflicht nachzuweisen. Ebenfalls sind die Pauschsteuer und die Steuernummer des Arbeitgebers einzutragen, sofern die Besteuerung nicht nach Vorlage der Lohnsteuerkarte erfolgt. So kann die Minijob-Zentrale die Steuern an die Finanzverwaltung weiterleiten. Für die geringfügige Beschäftigung im Privathaushalt gilt das Haushaltsscheckverfahren.

Hinweis

Beschäftigt ein Arbeitgeber sowohl geringfügig Beschäftigte als auch andere Beschäftigte, hat er zwei Arten von Beitragsnachweisen auszufüllen.

C. Meldungen

Die Meldungen für geringfügig Beschäftigte sind an die Minijob-Zentrale abzugeben. Es gilt das allgemeine Meldeverfahren nach der Datenerfassungs- und -übermittlungsverordnung (DEÜV). Meldungen und Beitragsnachweise dürfen grundsätzlich nur durch Datenübertragung mittels zugelassener systemgeprüfter Programme (Entgeltabrechnungsprogramme) oder maschinell erstellter Ausfüllhilfen („sv.net") an die Minijob-Zentrale übermittelt werden. Die Software „sv.net" ist eine elektronische Ausfüllhilfe zur Unterstützung von Kleinbetrieben bei der Erstellung von Meldungen und Beitragsnachweisen sowie deren Versand per E-Mail an die Minijob-Zentrale bzw. an die gesetzlichen Krankenkassen. Arbeitgeber erhalten die Anwendung kostenlos unter www.itsg.de oder www.gkv-datenaustausch.de.

Zu beachten ist, dass neben der Melde- und Beitragspflicht zur Minijob-Zentrale auch eine Melde- und Beitragspflicht zur gesetzlichen Unfallversicherung besteht.

Außerdem besteht nach § 28a Abs. 4 SGB IV für bestimmte Wirtschaftsbereiche (z. B. Baugewerbe, Gebäudereinigungsgewerbe, Gaststättengewerbe) die Verpflichtung zur Sofortmeldung. Diese ist spätestens zum Zeitpunkt der Aufnahme einer Beschäftigung zu erstatten. Dies gilt auch für geringfügig Beschäftigte.

I. Geringfügig entlohnte Beschäftigung

Als beitragspflichtiges Bruttoarbeitsentgelt ist in der Meldung bei den geringfügig entlohnten Beschäftigten (Personengruppenschlüssel „109") das Entgelt einzutragen, von dem Pauschalbeiträge und individuelle Beiträge zur Rentenversicherung entrichtet wurden. Bei der Rentenversicherung ist die Mindestbemessungsgrundlage von 175 € zu beachten. Mit der Angabe der Beitragsgruppe „1“ in der zweiten Stelle des Beitragsgruppenschlüssels (RV) und der Datumsangabe in dem Feld „Beschäftigungsbeginn“ in der Anmeldung zur Sozialversicherung dokumentiert der Arbeitgeber, dass Rentenversicherungspflicht besteht. Ist der geringfügig entlohnt Beschäftigte von der Rentenversicherungspflicht befreit oder von vornherein rentenversicherungsfrei (z. B. wegen des Bezugs einer Vollrente wegen Alters) ist im Beitragsgruppenschlüssel die Beitragsgruppe RV = 5 anzugeben.

Wird die geringfügige Beschäftigung als erste anrechnungsfreie Beschäftigung neben einer nicht geringfügigen Hauptbeschäftigung ausgeübt, so gilt der Personengruppenschlüssel „109“. Für die weiteren für sich gesehen geringfügigen Beschäftigungen gilt der Personengruppenschlüssel „101“. Das Feld „Mehrfachbeschäftigung“ ist anzukreuzen.

Tritt in einer geringfügig entlohnten Beschäftigung durch die Addition mit einer weiteren Beschäftigung Versicherungspflicht ein, so ist die Krankenkasse Adressat der Meldungen. Der Arbeitgeber muss dies als Wechsel der Einzugsstelle melden („11“ und „31“). Bei Eintritt der Versicherungspflicht durch Bekanntgabe der Feststellung durch die Bundesknappschaft oder einen Träger der Rentenversicherung wird der Arbeitgeber in dem Bescheid zu den entsprechenden Meldungen aufgefordert.

II. Kurzfristige Beschäftigung

Für kurzfristig Beschäftigte hat der Arbeitgeber grundsätzlich die gleichen Meldungen abzugeben wie für geringfügig entlohnte Beschäftigte. Es gilt der Personengruppenschlüssel „110“. Das beitragspflichtige Arbeitsentgelt ist in der Kranken-, Pflege-, Renten- und Arbeitslosenversicherung mit „0“ anzugeben.

Bei Rahmenarbeitsverträgen muss der Arbeitgeber den Arbeitnehmer mit dem Tag der Arbeitsaufnahme anmelden und mit dem letzten Tag der Beschäftigung abmelden. Wird die Beschäftigung innerhalb des Rahmenarbeitsvertrags für länger als einen Monat unterbrochen, müssen eine Abmeldung („34") und eine Anmeldung („13") bei Wiederaufnahme der Beschäftigung erfolgen.

D. Zuständige Einzugsstelle

Zuständige Einzugsstelle für geringfügig Beschäftigte ist die Minijob-Zentrale der Deutschen Rentenversicherung Knappschaft-Bahn-See. Führt die Zusammenrechnung mit weiteren geringfügig entlohnten Beschäftigungen oder mit einer versicherungspflichtigen Hauptbeschäftigung zum Eintritt der Versicherungspflicht in der geringfügigen Beschäftigung, so sind Beiträge und Meldungen an die für den Beschäftigten zuständige Krankenkasse zu entrichten. Bei einem privat krankenversicherten Arbeitnehmer ist dies die Krankenkasse, bei der er zuletzt gesetzlich krankenversichert war.

E. Lohnunterlagen

Die Vorschriften der Beitragsverfahrensverordnung über die Führung von Lohnunterlagen gelten auch für die geringfügige Beschäftigung. Der Arbeitgeber hat die für die Versicherungsfreiheit maßgebenden Angaben und Nachweise, aus denen sich die erforderlichen Angaben ergeben, zu den Lohnunterlagen zu nehmen.

Dazu gehören insbesondere Angaben und Unterlagen über

- Name, Vorname, Geburtsdatum, Anschrift, Staatsangehörigkeit (bei Nicht-EU-Ausländern) des Arbeitnehmers,
- die Beschäftigungsdauer,
- das monatliche Arbeitsentgelt,
- die regelmäßige wöchentliche Arbeitszeit und die tatsächlich geleisteten Arbeitsstunden,
- der Antrag des Beschäftigten auf die Befreiung von der Versicherungspflicht in der Rentenversicherung (mit Vermerk des Eingangsdatums),

- die Erklärung des kurzfristig Beschäftigten über weitere kurzfristige Beschäftigungen im Kalenderjahr,
- die Erklärung des geringfügig entlohnten Beschäftigten über weitere Beschäftigungen,
- die Bestätigung des Beschäftigten, dass dem Arbeitgeber die Aufnahme weiterer Beschäftigungen angezeigt wird,
- den Status eines kurzfristig Beschäftigten (z. B. Schüler, Student, Leistender eines Bundesfreiwilligendienstes oder freiwilligen Wehrdienstes, Arbeitsloser).

F. Umlageverfahren U1 und U2

Die Minijob-Zentrale ist auch für die Durchführung der Umlageverfahren U1 und U2 für alle geringfügig Beschäftigten zuständig. Geringfügig Beschäftigte haben wie alle Arbeitnehmer Anspruch auf Entgeltfortzahlung durch den Arbeitgeber. Im Umlageverfahren U1 werden die Aufwendungen der Arbeitgeber erstattet. Am Ausgleichsverfahren bei Krankheit nehmen grundsätzlich alle Arbeitgeber mit max. 30 Beschäftigten teil. Ferner sind Arbeitgeber verpflichtet, geringfügig beschäftigten Frauen während der Zeit von Beschäftigungsverboten sowie der Zeit der Mutterschutzfristen Entgelt fortzuzahlen. Diese Aufwendungen des Arbeitgebers werden im Umlageverfahren U2 erstattet. In das Umlageverfahren U2 sind alle Arbeitgeber einbezogen. Die Beiträge zur Umlage U1 für Krankheit und U2 für Mutterschaft sind unabhängig davon, bei welcher Krankenkasse der geringfügig Beschäftigte versichert ist, monatlich mit den Pauschalabgaben an die Minijob-Zentrale zu zahlen.[16]

G. Insolvenzgeldumlage

Mit dem Unfallversicherungsmodernisierungsgesetz (UVMG) wurde der Einzug der Insolvenzgeldumlage ab 1. Januar 2009 von den Unfallversicherungsträgern auf die Einzugsstellen (Krankenkassen und Minijob-Zentrale) übertragen. Die Zahlung erfolgt

---

[16] Der Umlagesatz U1 beträgt im Jahr 2013 0,7 % und der Umlagesatz U2 0,14 %.

monatlich mit den Pauschalabgaben an die Minijob-Zentrale.[17] Arbeitgeber der öffentlichen Hand und Privathaushalte sind von der Zahlung der Insolvenzgeldumlage ausgenommen.

H. Wertguthaben und sonstige flexible Arbeitszeitabreden

Seit dem 1. Januar 2009 ist die Vereinbarung von flexiblen Arbeitszeitregelungen auch im Rahmen geringfügiger Beschäftigung zulässig. Bei Einrichtung eines Gleitzeit- oder Jahreszeitkontos erhält der Arbeitnehmer unabhängig von seiner tatsächlichen Arbeitszeit ein vertraglich vereinbartes festes monatliches Arbeitsentgelt. Die Beiträge sind ausschließlich von dem ausgezahlten und vertraglich vereinbarten Arbeitsentgelt zu zahlen. Der Arbeitnehmer kann max. für die Dauer von drei Monaten von der Arbeitsleistung unter Fortzahlung des Arbeitsentgeltes freigestellt werden. Ausführliche Erläuterungen dazu im Internet unter www.minijob-zentrale.de. Zu verstetigtem Arbeitsentgelt vgl. Abschnitt A.I.c., S. 16)

J. Steuerrecht

I. Lohnsteuererhebung bei geringfügig entlohnter Beschäftigung

Der Arbeitgeber kann die anfallende Lohnsteuer für geringfügig entlohnte Beschäftigte – auch im Privathaushalt – entweder pauschal oder nach den Merkmalen der Lohnsteuerkarte erheben.

Für den Arbeitgeber bestehen folgende Möglichkeiten der Lohnsteuererhebung bei geringfügig entlohnter Beschäftigung:

- Lohnsteuerpauschalierung i. H. v. 2 % oder ausnahmsweise 20 %
- Besteuerung nach den Merkmalen der Lohnsteuerkarte

---

17 Der Umlagesatz für das Jahr 2013 beträgt 0,15 % des Arbeitsentgelts.

Der Arbeitgeber kann für jedes einzelne Beschäftigungsverhältnis die günstigste Besteuerungsvariante wählen. Die Besteuerung muss nicht für alle in Betracht kommenden Arbeitnehmer einheitlich durchgeführt werden.

1. Lohnsteuerpauschalierung

Bei der Lohnsteuerpauschalierung ist zwischen der Pauschsteuer i. H. v. 2 % des Arbeitsentgelts nach § 40a Abs. 2 EStG und der selten anwendbaren pauschalen Lohnsteuer i. H. v. 20 % nach § 40a Abs. 2a EStG zu unterscheiden.

a. Pauschsteuer i. H. v. 2 %

Der Arbeitgeber kann für geringfügig entlohnte Beschäftigte unter Verzicht auf die Vorlage der Lohnsteuerkarte die Lohnsteuer einschließlich Kirchensteuer und Solidaritätszuschlag mit einem einheitlichen Pauschsteuersatz i. H. v. 2 % des Arbeitsentgelts erheben (§ 40 Abs. 2 EStG). Gehört der Arbeitnehmer keiner erhebungsberechtigten Religionsgemeinschaft an, beträgt der Pauschsteuersatz trotzdem 2 %.

Die Pauschsteuer i. H. v. 2 % gibt der Arbeitgeber im Beitragsnachweis an und führt sie zusammen mit den Pauschalbeiträgen zur Sozialversicherung an die Minijob-Zentrale ab.

Hinweis

Der Arbeitgeber kann die pauschale Lohnsteuer im Innenverhältnis auf den geringfügig Beschäftigten abwälzen (BAG, Urteil vom 01.02.06 – 5 AZR 628/04). Die Abwälzung der Pauschsteuer mindert nicht die Bemessungsgrundlage (§ 40 Abs. 3 EStG).

b. Pauschalsteuer i. H. v. 20 %

Hat der Arbeitgeber für eine geringfügige Beschäftigung keine Pauschalbeiträge zur gesetzlichen Rentenversicherung i. H. v. 5 % bzw. 15 % zu entrichten, kann er die Lohnsteuer pauschal i. H. v. 20 % des Arbeitsentgelts zzgl. Solidaritätszuschlag und Kirchensteuer erheben (§ 40 Abs. 2a EStG).

Die Pauschalsteuer i. H. v. 20 % zzgl. Solidaritätszuschlag und Kirchensteuer gibt der Arbeitgeber in der Lohnsteueranmeldung an und führt sie an das zuständige Finanzamt ab.

2. Besteuerung nach den Merkmalen der Lohnsteuerkarte

Ist die Individualversteuerung die günstigere Variante, kann der Arbeitgeber nach wie vor die Lohnsteuer nach Maßgabe der vorgelegten Lohnsteuerkarte erheben. In diesem Fall hängt die Höhe der Lohnsteuer von der jeweiligen Steuerklasse ab. In den Lohnsteuerklassen I bis IV, z. B. bei Schülern und Studenten, fällt für eine geringfügige Beschäftigung keine Lohnsteuer an. In den Steuerklassen V und VI fällt hingegen Lohnsteuer an.

Hinweis

Legt der Arbeitnehmer eine Lohnsteuerkarte der Klasse I, II, III oder IV vor, so ist die Besteuerung nach Lohnsteuerkarte die günstigere Lösung – für die geringfügige Beschäftigung fällt keine Lohnsteuer an. Sinnvoll ist, den geringfügig Beschäftigten zu Beginn der Beschäftigung nach seiner Lohnsteuerklasse zu fragen.

3. Mehrere geringfügig entlohnte Beschäftigungen

Mehrere geringfügig entlohnte Beschäftigungen werden zusammengerechnet. Wird die Arbeitsentgeltgrenze von 450 € nach Addition der Arbeitsentgelte nicht überschritten, bleiben die einzelnen Beschäftigungen geringfügig mit der Folge, dass jeder der Arbeitgeber den pauschalen Beitrag zur Rentenversicherung zu tragen hat. Die einzelnen Arbeitgeber können folglich unter Verzicht der Lohnsteuerkarte auch die 2%ige Pauschalierung wählen.

Ergeben die addierten Arbeitsentgelte hingegen insgesamt einen Betrag über 450 €, tritt Versicherungspflicht ein. Die einzelnen Arbeitgeber zahlen keinen Pauschalbeitrag zur Rentenversicherung. In diesem Fall können die Arbeitgeber die Lohnsteuer nicht i. H. v. 2 % versteuern. Es bleibt die Möglichkeit der 20%igen Pauschalierung oder der Besteuerung nach den Merkmalen der Lohnsteuerkarte.

4. Geringfügig entlohnte Beschäftigung neben einer Hauptbeschäftigung

Auch bei der Ausübung einer geringfügig entlohnten Beschäftigung neben einer versicherungspflichtigen Hauptbeschäftigung findet entweder eine Lohnsteuerpauschalierung i. H. v. 20 % oder eine Besteuerung nach Merkmalen der Lohnsteuerkarte statt. Nur bei der ersten anrechnungsfreien geringfügigen Beschäftigung besteht auch die Möglichkeit, die Lohnsteuer i. H. v. 2 % zu pauschalieren.

II. Lohnsteuererhebung bei kurzfristiger Beschäftigung

Bei kurzfristig Beschäftigten kann der Arbeitgeber die Lohnsteuer entweder nach den Merkmalen der Lohnsteuerkarte oder pauschal i. H. v. 25 % des Arbeitsentgelts zzgl. Solidaritätszuschlag und Kirchensteuer erheben (§ 40a Abs. 1 EStG).

Die Lohnsteuerpauschale i. H. v. 25 % setzt voraus, dass

- der Arbeitnehmer bei dem Arbeitgeber gelegentlich, nicht regelmäßig wiederkehrend beschäftigt wird,
- die Beschäftigung nicht mehr als 18 zusammenhängende Arbeitstage andauert,
- der durchschnittliche Arbeitslohn pro Arbeitstag 62 € nicht übersteigt.

III. Steuerermäßigung bei haushaltsnaher Beschäftigung

Um einen Anreiz für Beschäftigungsverhältnisse im Privathaushalt zu schaffen, werden diese steuerlich besonders gefördert. Es ist eine steuerliche Entlastung für den Arbeitgeber im Privathaushalt in Form eines Abzugsbetrags von der Einkommenssteuer vorgesehen. Der von der Einkommenssteuer abziehbare Betrag liegt bei 20 % der Aufwendungen, höchstens 510 € (§ 35a Abs. 1 Nr. 1 EStG).

K. Arbeitsrecht

Geringfügig Beschäftigte dürfen wegen des arbeitsrechtlichen Gleichbehandlungsgrundsatzes nicht ohne sachlichen Grund benachteiligt werden. Daher haben geringfügig Beschäftigte grundsätzlich dieselben (anteiligen) Ansprüche auf Erholungsurlaub, Sonderzahlungen, Entgeltfortzahlung im Krankheitsfall und Entgeltfortzahlung bei Arbeitsausfall an Feiertagen. Auch greift für sie der Kündigungsschutz.

Den Arbeitgeber trifft die Pflicht, spätestens einen Monat nach dem vereinbarten Beginn des Arbeitsverhältnisses die wesentlichen Vertragsbedingungen schriftlich niederzulegen, die Niederschrift zu unterzeichnen und dem Arbeitnehmer vorzulegen (§ 2 Abs. 1 NachwG).

L. Geringfügige Beschäftigung im Privathaushalt

Für die geringfügige Beschäftigung im Privathaushalt gelten grundsätzlich dieselben Voraussetzungen wie für die geringfügig entlohnte Beschäftigung, insbesondere darf das Arbeitsentgelt regelmäßig im Monat 450 € nicht übersteigen. Seit dem 1. Januar 2013 besteht auch hier Versicherungspflicht in der Rentenversicherung.

Der Arbeitgeber zahlt für den geringfügig Beschäftigten im Privathaushalt verminderte Pauschalabgaben:

- 5 % Pauschalabgabe zur Krankenversicherung
- 5 % Pauschalabgabe zur Rentenversicherung (der Eigenanteil des geringfügig Beschäftigten beträgt derzeit 13,9 %)
- 2 % Pauschsteuer

Die Pauschalabgabe zur Krankenversicherung ist nur zu zahlen, wenn der geringfügig Beschäftigte im Privathaushalt in der gesetzlichen Krankenversicherung versichert ist. Geringfügig Beschäftigte im Privathaushalt können ebenfalls durch schriftliche Erklärung gegenüber dem Arbeitgeber die Befreiung von der Versicherungspflicht in der Rentenversicherung beantragen, so dass lediglich die Pauschalabgabe vom Arbeitgeber abzuführen ist.

1. Haushaltsnahe Beschäftigung

Eine geringfügige Beschäftigung im Privathaushalt liegt vor, wenn sie „durch einen privaten Haushalt begründet ist und die Tätigkeit gewöhnlich durch Mitglieder des privaten Haushalts erledigt wird" (§ 8a Satz 2 SGB IV). Damit beschränken sich die haushaltsnahen Tätigkeiten nach dem Willen des Gesetzgebers auf solche, die keine besonderen Fachkenntnisse verlangen, wie Kochen, Putzen, Bügeln, Wäsche waschen, Gartenpflege, die Betreuung von Kindern, alten und pflegebedürftigen Menschen etc.

Voraussetzung ist, dass ein Mitglied des Privathaushalts selbst Arbeitgeber des geringfügig Beschäftigten ist. Eine Beschäftigung, die durch eine Dienstleistungsagentur oder andere Unternehmen begründet ist, fällt nicht unter die Regelungen der geringfügigen Beschäftigung im Privathaushalt. Arbeitgeber ist hier nämlich nicht der Privathaushalt, sondern das gewerbliche Unternehmen. Der Privathaushalt kann in diesem Fall lediglich seine Aufwendungen steuerlich geltend machen.

Wird ein Arbeitnehmer sowohl im Privathaushalt als auch im gewerblichen Betrieb des Arbeitgebers geringfügig beschäftigt, ist grundsätzlich von einem einheitlichen Beschäftigungsverhältnis auszugehen, das sich nach den Regelungen für geringfügig Beschäftigte im gewerblichen Bereich richtet.

2. Haushaltsscheckverfahren

Für die geringfügige Beschäftigung im Privathaushalt gilt zwingend ein vereinfachtes Meldeverfahren – das Haushaltsscheckverfahren. Zuständige Einzugsstelle ist hier ebenfalls die Minijob-Zentrale. Der Arbeitgeber erstattet der Minijob-Zentrale für den geringfügig Beschäftigten im Privathaushalt eine vereinfachte Meldung – den Haushaltsscheck, der vom Arbeitnehmer und vom Arbeitgeber zu unterschreiben ist. Gleichzeitig erteilt der Arbeitgeber der Minijob-Zentrale eine Einzugsermächtigung. Diese berechnet die Abgaben für den Privathaushalt und zieht die fälligen Pauschalbeiträge, die Umlagen nach dem Entgeltfortzahlungsgesetz und die ggf. zu zahlende Pauschsteuer per Einzugsermächtigung zweimal jährlich ein. Die Minijob-Zentrale zieht auch die Beiträge zur Unfallversicherung ein.[18]

3. Zusammenrechnung

Für die Zusammenrechnung gelten dieselben Grundsätze wie für die geringfügige Beschäftigung im gewerblichen Bereich. Geringfügige Beschäftigungen im Privathaushalt werden sowohl mit anderen geringfügigen Beschäftigungen im Privathaushalt als auch mit geringfügigen Beschäftigungen im gewerblichen Bereich zusammengerechnet. Übersteigt das addierte Arbeitsentgelt aus den Beschäftigungen 450 €, so tritt Versicherungspflicht ein. Fällt das Arbeitsentgelt in die Gleitzone, finden deren besondere Regelungen Anwendung. Den Arbeitnehmer trifft auch hier die Pflicht, den Arbeitgeber über weitere Beschäftigungen zu informieren (§ 28o SGB IV).

Das Haushaltsscheckverfahren findet bei Überschreitung der 450 € keine Anwendung. Sofern die Einzugsstelle den Eintritt der Versicherungspflicht feststellt, informiert sie den Arbeitgeber und verweist ihn an die zuständige Krankenkasse.

---

18 Weitere Informationen und Anmeldeformulare unter www.minijob-zentrale.de.

Hinweis

Es können Fälle auftreten, in denen ein Unternehmer und ein Privathaushalt anteilig Sozialversicherungsbeiträge aus addierten Arbeitsentgelten zahlen. Fällt das Arbeitsentgelt in die Gleitzone, muss der Privathaushalt eine Beitragsberechnung nach den Regelungen der Gleitzone vornehmen. Außerdem müssen der Unternehmer und der Privathaushalt für eine korrekte Beitragsberechnung monatlich das Arbeitsentgelt kennen, das der Arbeitnehmer bei dem jeweils anderen Arbeitgeber erzielt.

4. Lohnunterlagen

Im Privathaushalt findet keine Betriebsprüfung statt. Der Arbeitgeber im Privathaushalt braucht deshalb keine Lohnunterlagen zu führen.

M. Geringverdienergrenze

Die Geringverdienergrenze, die nur für Auszubildende und gleichgestellte Praktikanten gilt, beträgt 325 € (§ 346 Abs. 2 Nr. 1 SGB III, § 249 Abs. 2 Nr. 1 SGB V, § 168 Abs. 1 Nr. 1 SGB VI, § 58 Abs. 5 SGB XI). Dies bedeutet, dass der Arbeitgeber für im Rahmen betrieblicher Berufsausbildung Beschäftigte, deren monatliches Arbeitsentgelt 325 € nicht übersteigt, die Sozialversicherungsbeiträge alleine zu tragen hat. In keinem Fall können Ausbildungsverhältnisse als geringfügige Beschäftigungsverhältnisse ausgestaltet werden.

N. Hinzuverdienstgrenze

Die Hinzuverdienstgrenze bei Frührentnern ist ab dem 1. Januar 2013 auf 450 € angehoben worden. Reguläre Altersrentner können Einkünfte in beliebiger Höhe erzielen ohne Anrechnung auf die Altersrente.

TEIL 2 GLEITZONE

Bei einem monatlichen Arbeitsentgelt zwischen 450,01 € und 850,00 € werden die Sozialversicherungsbeiträge nach den Regeln der Gleitzone berechnet. Durch diese Regelung soll die Niedriglohnschwellenproblematik beseitigt werden, die sonst in Beschäftigungsverhältnissen bei Überschreiten der Geringfügigkeitsgrenze zu einem abrupten Anstieg auf die vollen Sozialversicherungsbeiträge führen würde.

A. Versicherungsrecht

In der Gleitzone besteht für den Arbeitnehmer Versicherungspflicht in allen Zweigen der Sozialversicherung. Deswegen finden die in den einzelnen Versicherungszweigen geltenden Vorschriften uneingeschränkt Anwendung.

B. Beiträge

Die Deutsche Rentenversicherung Bund stellt auf ihrer Homepage (www.deutsche-rentenversicherung.de) einen „Gleitzonenrechner" bereit, der bei Eingabe des Arbeitsentgelts die Sozialversicherungsbeiträge berechnet. Auch jedes gängige Abrechnungsprogramm ist in der Lage, die Beiträge in der Gleitzone abzurechnen.

I. Besondere Beitragsberechnung

Ein Gleitzonenfall liegt vor, wenn das regelmäßige Arbeitsentgelt zwischen 450,01 € und 850,00 € beträgt (§ 20 Abs. 2 SGB IV). Der Arbeitnehmeranteil an den Sozialversicherungsbeiträgen wird in der Gleitzone auf eine besondere – für den Arbeitnehmer günstigere – Weise berechnet. Für den Arbeitnehmer steigt der für das gesamte Arbeitsentgelt zu zahlende Anteil zur Sozialversicherung linear auf den vollen Arbeitnehmeranteil an. Auf diese Weise wird der Übergang zwischen einer abgabenfreien geringfügigen Beschäftigung und einer beitragspflichtigen Beschäftigung für den Arbeitnehmer geglättet. Der Beitragsanteil des Arbeitgebers wird nach den normalen Regeln berechnet. Die besonderen Regeln der Gleitzone spielen demnach für den Arbeitgeberanteil keine Rolle.

Hinweis

In der Gleitzone wird lediglich der Arbeitnehmeranteil nach den Regelungen der Gleitzone berechnet. Der Arbeitnehmer zahlt einen reduzierten, aber mit steigendem Bruttoentgelt zunehmenden Beitragsanteil am Gesamtsozialversicherungsbeitrag. Der Arbeitgeberanteil wird nach den allgemeinen Regeln vom tatsächlichen Arbeitsentgelt berechnet. Der Arbeitgeberanteil zur Sozialversicherung ist bei einer Beschäftigung in der Gleitzone nicht reduziert.

II. Ermittlung des regelmäßigen Arbeitsentgelts

Bei der Beurteilung, ob es sich um einen Gleitzonenfall handelt, ist auf das regelmäßige Arbeitsentgelt abzustellen. Hier gelten dieselben Grundsätze wie bei der Ermittlung des regelmäßigen Arbeitsentgelts bei der geringfügig entlohnten Beschäftigung (vgl. Teil 1, A.I.1., S. 12 ff.).

Ein regelmäßiges Arbeitsentgelt in der Gleitzone zwischen 450,01 € und 850,00 € kann sich auch aus der Zusammenrechnung von mehreren geringfügig entlohnten Beschäftigungen oder einer Beschäftigung in der Gleitzone und einer geringfügig entlohnten Beschäftigung ergeben. Zu beachten ist dabei, dass stets eine geringfügig entlohnte Beschäftigung neben einer Beschäftigung in der Gleitzone anrechnungsfrei bleibt (vgl. Teil 1, A.I.2.b, S. 20 ff.).

Beispiel 21

B arbeitet gleichzeitig bei Arbeitgeber 1 zu einem monatlichen Arbeitsentgelt von 200 €, bei Arbeitgeber 2 zu einem monatlichen Arbeitsentgelt von 200 € und Arbeitgeber 3 zu einem monatlichen Arbeitsentgelt von 200 €.

monatliches Arbeitsentgelt bei Arbeitgeber 1	200 €
monatliches Arbeitsentgelt bei Arbeitgeber 2	200 €
monatliches Arbeitsentgelt bei Arbeitgeber 3	200 €
Summe	600 €

Das Arbeitsentgelt aus den Beschäftigungen beträgt insgesamt 600 €. Es liegt ein Gleitzonenfall vor. Arbeitgeber 1, Arbeitgeber 2 und Arbeitgeber 3 zahlen für B anteilig Sozialversicherungsbeiträge nach den Regeln der Gleitzone an die zuständige Krankenkasse.

Beispiel 22

B arbeitet gleichzeitig bei Arbeitgeber 1 zu einem monatlichen Arbeitsentgelt von 500 € und bei Arbeitgeber 2 zu einem monatlichen Arbeitsentgelt von 500 €.

monatliches Arbeitsentgelt bei Arbeitgeber 1	500 €
monatliches Arbeitsentgelt bei Arbeitgeber 2	500 €
Summe	1.000 €

Die Arbeitsentgelte aus den beiden Beschäftigungen liegen jeweils in der Gleitzone. Die Summe der Arbeitsentgelte übersteigt jedoch den Betrag von 850 €. Es liegt kein Gleitzonenfall vor. Arbeitgeber 1 und Arbeitgeber 2 zahlen anteilig Sozialversicherungsbeiträge aus 1.000 € an die zuständige Krankenkasse, die nach den allgemeinen Regeln berechnet werden.

Beispiel 23

B arbeitet bei Arbeitgeber 1 zu einem monatlichen Arbeitsentgelt von 700 € und bei Arbeitgeber 2 zu einem monatlichen Arbeitsentgelt von 300 €.

monatliches Arbeitsentgelt bei Arbeitgeber 1	700 €
monatliches Arbeitsentgelt bei Arbeitgeber 2	300 €
	1.000 €

Die Beschäftigung bei Arbeitgeber 2 wird als erste anrechnungsfreie geringfügige Beschäftigung in der Kranken-, Pflege und Rentenversicherung nicht mit der Hauptbeschäftigung addiert. Auch in der Arbeitslosenversicherung besteht Versicherungsfreiheit, da hier eine Zusammenrechnung von geringfügiger Beschäftigung und versicherungspflichtiger Hauptbeschäftigung nicht erfolgt.

Arbeitgeber 1 zahlt für B Beiträge, die nach den Regeln der Gleitzone berechnet werden. Arbeitgeber 2 zahlt für B Pauschalabgaben.

III. Ermittlung der beitragspflichtigen Einnahmen

1. Grundsatz

Der geringere Arbeitnehmeranteil in der Gleitzone ergibt sich durch eine besondere Berechnungsweise. Für die Berechnung der Arbeitnehmerbeiträge ist in der Gleitzone nicht das tatsächliche Arbeitsentgelt (AE), sondern eine besondere Bemessungsgrundlage, die beitragspflichtige Einnahme, zugrunde zu legen. Diese ist anhand einer Formel[19] zu ermitteln. Diese lautet:

$$F * 450 + \left(\left\{\frac{850}{850-450}\right\} - \left\{\frac{450}{850-450}\right\} * F\right) * (AE - 450)$$

[19] Vgl. § 344 SGB III, § 226 Abs. 4 SGB V, § 163 Abs. 10 SGB VI, § 58 Abs. 3 Satz 3 SGB XI.

Dabei ist F der Faktor, der sich ergibt, wenn der Wert 30 vom Hundert durch den durchschnittlichen Gesamtsozialversicherungsbeitrag des Kalenderjahres, in dem der Anspruch auf das Arbeitsentgelt entstanden ist, geteilt wird. Der Faktor F und der durchschnittliche Gesamtsozialversicherungsbeitrag werden jedes Jahr vom Bundesministerium für Arbeit und Soziales bis zum 31. Dezember für das folgende Kalenderjahr im Bundesanzeiger bekannt gegeben (§ 163 Abs. 10 SGB VI).

Hinweis

Der Arbeitgeber braucht die im Gesetz genannte Formel nicht vollständig umzurechnen. Die Spitzenverbände der Sozialversicherungsträger geben für jedes Jahr im Voraus eine vereinfachte Formel bekannt, in der der Faktor F bereits berechnet ist. Für das Jahr 2013 beträgt der Faktor F 0,7605. Vom 01.01.2013 an gilt damit folgende vereinfachte Formel zur Ermittlung der beitragspflichtigen Einnahme:

1,2694375 x Arbeitsentgelt – 229,02 € =
beitragspflichtige Einnahme

Beispiel 24

B erhält im Jahr 2013 ein monatliches Arbeitsentgelt von 600 €.

Ermittlung der beitragspflichtigen Einnahme nach der vereinfachten Formel:

1,2694375 x 600 € – 229,02 € = 532,64 €

Die reduzierte Bemessungsgrundlage beträgt 532,64 €. Anhand dieses Betrags erfolgt die weitere Beitragsberechnung.

2. Ausnahmen

Die besonderen Regelungen zur Beitragsberechnung in der Gleitzone anhand einer reduzierten beitragspflichtigen Einnahme gelten ausdrücklich nicht für Personen, die zu ihrer Berufsausbildung beschäftigt sind (§ 163 Abs. 10 Satz 7 SGB VI). Weiterhin gelten die besonderen Regelungen der Gleitzone nach Ansicht der Spitzenorganisationen der Sozialversicherungsträger[20] nicht in Fällen, in denen das Entgelt regelmäßig über 850 € liegt, ausnahmsweise aber wegen Kurzarbeit oder im Baugewerbe wegen schlechten Wetters in die Gleitzone fällt. Grund dafür ist, dass § 20 Abs. 2 SGB IV voraussetzt, dass das regelmäßige Arbeitsentgelt die 850-€-Grenze nicht überschreitet. Diese Voraussetzung liegt bei Arbeitsausfällen wegen Kurzarbeit oder schlechten Wetters nicht vor, da die Entgeltminderung nur vorübergehend ist. In allen genannten Ausnahmefällen erfolgt die Beitragsberechnung nicht nach der reduzierten beitragspflichtigen Einnahme, sondern nach den allgemeinen Grundsätzen nach dem tatsächlich erzielten Arbeitsentgelt.

IV. Berechnung der Beiträge

1. Grundsatz

Unter Zugrundelegung der reduzierten Bemessungsgrundlage ist die weitere Beitragsberechnung vorzunehmen. Die Beiträge sind vom Arbeitgeber in Höhe der Hälfte des Betrags zu zahlen, der sich ergibt, wenn der jeweilige Beitragssatz auf das der Beschäftigung zugrunde liegende tatsächliche Arbeitsentgelt angewendet wird, und im Übrigen vom Arbeitnehmer zu tragen (§ 249 Abs. 4 SGB V, § 58 Abs. 5 Satz 2 SGB XI, § 268 Abs. 1 Nr. 1d SGB VI, § 346 Abs. 1a SGB III).

Demnach berechnet sich der vom Arbeitnehmer zu tragende Beitragsanteil aus der Differenz des auf Grundlage der beitragspflichtigen Einnahme berechneten vollen Beitrags zu dem jeweiligen Versicherungszweig und des vom Arbeitgeber zu tragenden regulären Beitrags. Die Berechnung der Beiträge muss grundsätzlich in jedem Zweig der Sozialversicherung einzeln erfolgen.

---

20 Rundschreiben zur Gleitzone vom 2. November 2006, Abschnitt 4.3.6.4.

Die Berechnung der Beitragsanteile erfolgt also in vier Schritten:

1. Im ersten Schritt ist die beitragspflichtige Einnahme nach den oben genannten Grundsätzen zu ermitteln.

2. Danach ist anhand der reduzierten Bemessungsgrundlage ein „fiktiver" Gesamtbeitrag für den einzelnen Zweig der Sozialversicherung zu berechnen.

3. Im nächsten Schritt ist der Arbeitgeberanteil nach den normalen Regeln vom tatsächlich gezahlten Arbeitsentgelt zu berechnen.

4. Schließlich ist der Arbeitgeberanteil vom „fiktiven" Gesamtbeitrag abzuziehen. Die Differenz zwischen dem „fiktiven" Beitrag und dem Arbeitgeberanteil ergibt den Arbeitnehmerbeitrag für die Gleitzone.

Arbeitgeberbeitrag:	tatsächliches Arbeitsentgelt x Arbeitgeberanteil am Beitragssatz
Arbeitnehmerbeitrag:	beitragspflichtige Einnahme x voller Beitragssatz – Arbeitgeberbeitrag

Sofern das Beschäftigungsverhältnis keine Besonderheiten aufweist, kann die Berechnung für den Gesamtsozialversicherungsbeitrag insgesamt, d. h. ohne Berechnung in den einzelnen Zweigen der Sozialversicherung, erfolgen.

Beispiel 25

Ein Arbeitnehmer ist zu einem monatlichen Arbeitsentgelt von 600 € beschäftigt. Der Gesamtsozialversicherungsbeitrag beträgt 39,45 % im Jahr 2013.

Berechnung der Beiträge:

1. Bemessungsgrundlage:	**1,2694375 x 600 € – 229,02 €** = 532,64 €
2. Gesamtsozialversicherungsbeitrag:	40,1 % von 532,64 € = 213,59 €
3. Arbeitgeberanteil:	19,275 % von 600 € = **115,65 €**
4. Arbeitnehmeranteil:	213,59 € – 120,30 € = **93,29 €**

Eine Berechnung der Beiträge getrennt nach den einzelnen Zweigen der Sozialversicherung ist nur dann ausnahmsweise erforderlich, wenn innerhalb einer Beschäftigung in einzelnen Versicherungszweigen keine Pauschalbeiträge zu zahlen sind. Dies ist z. B. der Fall, wenn nach besonderen Regelungen in einzelnen Zweigen der Sozialversicherung Versicherungsfreiheit besteht oder wenn eine Befreiung von der Versicherungspflicht vorliegt (z. B. in der Rentenversicherung wegen Mitgliedschaft in einer berufsständischen Versorgungseinrichtung nach § 6 Abs. 1 Satz 1 Nr. 1 SGB VI).

2. Beschäftigungen mit Arbeitsentgelten außerhalb der Gleitzone

Bei Beschäftigungen mit Arbeitsentgelten, bei denen zwar das regelmäßige Entgelt in der Gleitzone liegt, das tatsächliche monatliche Arbeitsentgelt aber die Gleitzone über- oder unterschreitet, z. B. bei schwankendem Entgelt, kann die beitragspflichtige Einnahme ebenfalls nicht nach der im Gesetz genannten Formel berechnet werden. In diesen Fällen ist in den Monaten, in denen das Entgelt die untere Gleitzonengrenze von 450,01 € unterschreitet, für die Ermittlung der beitragspflichtigen Einnahme das tatsächliche Arbeitsentgelt mit dem Faktor F zu multiplizieren. In den Monaten, in denen das Arbeitsentgelt die obere Gleitzonengrenze von 850,00 € überschreitet, werden die Beiträge für den Arbeitnehmer und den Arbeitgeber nach den normalen Grundsätzen jeweils hälftig getragen. Die beitragspflichtige Einnahme ist in diesen Fällen also das tatsächliche Entgelt.

V. Verzicht auf die Reduzierung des Arbeitnehmerbeitrags in der Rentenversicherung

Da der Arbeitnehmer in der Gleitzone reduzierte Beiträge zur Rentenversicherung zahlt, erwirbt er auch nur reduzierte Rentenanwartschaften. Der Arbeitnehmer kann in der Gleitzone jedoch auf die Reduzierung des Arbeitnehmerbeitrags verzichten und den vollen Arbeitnehmerbeitrag zahlen, um im Alter eine höhere Rente zu erzielen (§ 163 Abs. 10 Satz 6 SGB VI). Der Arbeitgeber berechnet in diesem Fall die Beiträge zur Rentenversicherung nach dem tatsächlichen Arbeitsentgelt und behält entsprechend den vollen Arbeitnehmeranteil vom Lohn ein. Der Arbeitnehmer muss schriftlich gegenüber dem Arbeitgeber erklären, dass der Beitragsberechnung das tatsächliche Arbeitsentgelt zugrunde gelegt werden soll. Diese Erklärung kann nur für die Zukunft abgegeben werden. Ausnahmsweise gilt sie ab dem Beginn der Beschäftigung, wenn sie innerhalb der ersten zwei Wochen nach Aufnahme der Beschäftigung eingeht und der Arbeitnehmer die Rückwirkung wünscht. Übt der Arbeitnehmer mehrere Beschäftigungen in der Gleitzone aus, kann er die Erklärung nur einheitlich abgeben. Sie ist für die Dauer der Beschäftigung bindend (§ 163 Abs. 10 Satz 7 SGB VI).

Hinweis

Um volle Ansprüche in der Rentenversicherung zu erwerben, kann der Arbeitnehmer bei einem Arbeitsentgelt in der Gleitzone schriftlich gegenüber dem Arbeitgeber den Verzicht auf die Reduzierung des Arbeitnehmerbeitrags zur Rentenversicherung erklären. Die Erklärung sollte zu den Lohnunterlagen genommen werden. Der Arbeitgeber hat die Beiträge zur Rentenversicherung dann nach dem tatsächlichen Arbeitsentgelt zu berechnen.

TEIL 3 ÜBERGANGSVORSCHRIFTEN FÜR ARBEITSVERHÄLTNISSE, DIE VOR DEM 1. JANUAR 2013 BEGRÜNDET WORDEN SIND

Mit dem „Gesetz zu Änderungen im Bereich der geringfügigen Beschäftigung", welches zum 1. Januar 2013 in Kraft getreten ist, haben sich die Entgeltgrenzen für die geringfügige Beschäftigung von 400 € auf 450 € und für die Beschäftigung in der Gleitzone von 800 € auf 850 € erhöht. Zudem wurde mit dem Gesetz die Rentenversicherungsfreiheit mit der Möglichkeit der vollen Rentenversicherungspflicht zu einer Rentenversicherungspflicht mit Befreiungsmöglichkeit für geringfügig Beschäftigte umgewandelt (Umkehrung von Opt-in zu Opt-out). Für Arbeitsverhältnisse, die bereits vor dem 1. Januar 2013 bestanden, existieren zahlreiche Übergangs- und Bestandsvorschriften, die im Folgenden dargestellt werden.

A. Geringfügig Beschäftigte mit einem Bruttoentgelt von bis zu 400,00 €

I. Rentenversicherung

War der geringfügig Beschäftigte vor dem 1. Januar 2013 rentenversicherungspflichtig, weil er in der Vergangenheit durch Antrag auf die Rentenversicherungsfreiheit verzichtet hatte, so bleibt er rentenversicherungspflichtig.

War der geringfügig Beschäftigte bisher rentenversicherungsfrei, bleibt er rentenversicherungsfrei, solange sein Bruttoentgelt 400,00 € nicht übersteigt. Der geringfügig Beschäftigte kann aber wie nach dem bis 31. Dezember 2012 gültigen Recht den Verzicht auf die Versicherungsfreiheit schriftlich gegenüber dem Arbeitgeber erklären und unterliegt dann ab dem nächsten Tag der Rentenversicherungspflicht. Dies gilt bis zum Ende der Beschäftigung und kann nicht rückgängig gemacht werden.

Wenn das Bruttoentgelt nach dem 31. Dezember 2012 erhöht wird und in der Folge mehr als 400,00 € beträgt, tritt automatisch die Rentenversicherungspflicht ein, von welcher sich der geringfügig

Beschäftigte auf Antrag befreien lassen kann (vgl. Teil 1, A.I.3., S. 27 f.).

Nimmt der geringfügig Beschäftigte zusätzlich zu einer bereits vor dem 1. Januar 2013 aufgenommenen rentenversicherungsfreien geringfügigen Beschäftigung eine zweite geringfügige Beschäftigung nach dem 31. Dezember 2012 auf und übersteigt das regelmäßige Arbeitsentgelt aus beiden Arbeitsverhältnissen den Betrag von 400,00 € nicht, so tritt in der („alten") vor dem 1. Januar 2013 aufgenommenen Beschäftigung keine Rentenversicherungspflicht ein. Wird jedoch durch Addition der Bruttoentgelte der Betrag von 400,00 € überschritten, so tritt ab diesem Tag auch in der („alten") vor dem 1. Januar 2013 aufgenommenen geringfügigen Beschäftigung Versicherungspflicht ein.

II. Krankenversicherung

Es verändert sich bezüglich der Krankenversicherung nichts für den geringfügig Beschäftigten. Der Arbeitgeber zahlt den Pauschalbeitrag, aber daraus entsteht kein eigenes Krankenversicherungsverhältnis für den Versicherten.

III. Arbeitslosenversicherung

Der geringfügig Beschäftigte ist auch weiterhin nicht arbeitslosenversichert.

Beispiel 26

Der Beschäftigte B arbeitet seit einem Jahr bei Arbeitgeber A für ein monatliches Arbeitsentgelt von 380 €. Hieran soll sich auch im Jahr 2013 nichts ändern. B hatte bisher nicht auf die Rentenversicherungsfreiheit verzichtet und war daher rentenversicherungsfrei.

Für B bleibt alles wie bisher.

Beispiel 27

Der Beschäftigte B arbeitet seit einem Jahr bei Arbeitgeber A für ein monatliches Entgelt von 380 €. Zum 01.02.2013 soll sich sein monatliches Arbeitsentgelt auf 420 € erhöhen. B hatte bisher nicht auf die Rentenversicherungsfreiheit verzichtet und war daher rentenversicherungsfrei.

Im Monat Januar 2013 bleibt alles wie bisher. Ab 01.02.2013 ist B automatisch nicht mehr rentenversicherungsfrei, da sein monatliches Arbeitsentgelt 400 € überschreitet. A muss 3,9 % Rentenversicherungsbeitrag vom Bruttolohn des B abziehen und zzgl. zu dem Pauschalbeitrag von 15 % abführen. B kann jedoch einen schriftlichen Antrag auf Befreiung von der Rentenversicherungspflicht an A stellen.

B. Beschäftigte mit einem Bruttoentgelt von 400,01 € bis 450,00 €

Arbeitnehmer, die vor dem 1. Januar 2013 eine Beschäftigung mit einem regelmäßigen Bruttoentgelt von 400,01 € bis 450,00 € ausübten, bleiben grundsätzlich bis zum 31. Dezember 2014 nach der bisherigen Gleitzonenregelung in allen Zweigen der Sozialversicherung versicherungspflichtig. Sobald das regelmäßige Bruttoentgelt nicht mehr zwischen 400,01 € und 450,00 € beträgt, endet der Bestandsschutz und es sind die Vorschriften für neu aufgenommene Beschäftigungen maßgebend.

I. Rentenversicherung

Der Beschäftigte, der vor dem 1. Januar 2013 eine Beschäftigung in der Gleitzone ausübte und seit dem 1. Januar 2013 zu den geringfügig Beschäftigten zählt, ist rentenversicherungspflichtig und darf bis zum 31. Dezember 2014 keinen Antrag auf Befreiung von der Rentenversicherungspflicht stellen.

II. Krankenversicherung

Der Beschäftigte bleibt krankenversicherungspflichtig bis zum 31. Dezember 2014, sofern nicht die Voraussetzungen für eine Familienversicherung vorliegen und solange das Entgelt 400,01 € bis 450,00 € beträgt. Der Beschäftigte kann sich von der Versicherungspflicht in der Kranken- und Pflegeversicherung befreien lassen. Hierfür muss kein Antrag bei der Krankenkasse gestellt werden, sondern beim Arbeitgeber. Der Arbeitgeber muss den schriftlichen Antrag zu den Entgeltunterlagen nehmen und melde- und beitragsrechtlich umsetzen. Der Befreiungsantrag wirkt vom 1. Januar 2013 an, wenn er bis zum 2. April 2013 beim Arbeitgeber gestellt wird. Danach ist in der Krankenversicherung keine Befreiung von der Versicherungspflicht mehr möglich.[21]

III. Arbeitslosenversicherung

Der Beschäftigte bleibt arbeitslosenversicherungspflichtig bis zum 31. Dezember 2014, sofern das Entgelt 400,01 € bis 450,00 € beträgt. Der Beschäftigte kann sich von der Versicherungspflicht in der Arbeitslosenversicherung befreien lassen. Hierfür muss ein schriftlicher Antrag beim Arbeitgeber gestellt werden (nicht bei der Bundesagentur für Arbeit). Der Arbeitgeber muss den schriftlichen Antrag zu den Entgeltunterlagen nehmen und melde- und beitragsrechtlich umsetzen. Der Befreiungsantrag wirkt vom 1. Januar 2013 an, wenn er bis zum 2. April 2013 beim Arbeitgeber gestellt wird. Eine später beantragte Befreiung wirkt vom Beginn des Kalendermonats an, der auf den Kalendermonat der Antragstellung folgt.

[21] Geringfügigkeitsrichtlinien vom 20. Dezember 2012, Abschnitt 8.3.

Beispiel 28

Der Beschäftigte B arbeitet seit einem Jahr bei Arbeitgeber A für ein monatliches Arbeitsentgelt von 420 €. Hieran soll sich auch im Jahr 2013 nichts ändern. Bisher zählte B zu den Beschäftigten in der Gleitzone. Ab dem 01.01.2013 gilt er als geringfügig Beschäftigter. B ist nicht familienversichert in der gesetzlichen Krankenversicherung. Er war bisher durch seinen 420-€-Job selbst krankenversichert in der gesetzlichen Krankenversicherung. An einer Arbeitslosenversicherung hat B kein Interesse.

Die Gleitzonenregelung findet wie bisher Anwendung (bis längstens zum 31.12.2014). B bleibt selbst krankenversichert in der gesetzlichen Krankenversicherung (bis längstens zum 31.12.2014). B kann bei A einen schriftlichen Antrag auf Befreiung von der Arbeitslosenversicherung stellen. A muss dann keine Beiträge mehr für die Arbeitslosenversicherung abführen. Damit erhöht sich der Nettolohn des B, aber er verliert dadurch seinen Anspruch auf Arbeitslosengeld I.

C. Beschäftigte in der Gleitzone mit einem Bruttoentgelt von 450,01 € bis 800,00 €

Die Beschäftigten in der Gleitzone mit einem Bruttoentgelt von 450,01 € bis 800,00 €, die bereits vor dem 1. Januar 2013 in diesem Arbeitsverhältnis beschäftigt waren, werden nicht abweichend von den nach dem 31. Dezember 2012 neu angestellten Beschäftigten in der Gleitzone behandelt. Insoweit gibt es für diese Personengruppe keine gesonderten Übergangs- oder Bestandsschutzregelungen.

D. Beschäftigte mit einem Bruttoentgelt von 800,01 € bis 850,00 €

Beschäftigte, die vor dem 1. Januar 2013 eine sozialversicherungspflichtige Beschäftigung mit einem Bruttoentgelt von 800,01 € bis 850,00 € ausübten und aufgrund der Gesetzesänderungen seit dem 1. Januar 2013 zu den Beschäftigten in der Gleitzone zählen, fallen weiterhin nicht unter die Gleitzonenregelung, es sei denn, sie erklären schriftlich gegenüber dem Arbeitgeber bis zum 31. Dezember 2014 die Anwendung der Gleitzonenregelung. Die Erklärung ist nur mit Wirkung für die Zukunft möglich. Die Erklärung ist zu den Entgeltunterlagen zu nehmen.

TEIL 4 ANHANG

Downloadhinweis

Unser Service online

Im Downloadbereich der ArbeitgeberBibliothek stehen Ihnen folgende Dokumente zur Verfügung:

- Drei Musterarbeitsverträge
- Checkliste der BDA für geringfügig oder kurzfristig Beschäftigte
- Geringfügigkeitsrichtlinien vom 20. Dezember 2012.

Für den Download gehen Sie bitte zunächst auf unser Internetportal **www.arbeitgeberbibliothek.de**. Klicken Sie dann auf den **Menüpunkt „Login“** und nehmen Ihre Registrierung vor bzw. loggen sich ein.

Unter dem **Menüpunkt „Mein Bereich“** stehen Ihnen dann im **Untermenü „Weitere Downloads“** die Anhänge als Download zur Verfügung.

Das Passwort lautet: Anhang_Minijobs

Haben Sie die Broschüre direkt über den Online-Shop der ArbeitgeberBibliothek erworben, stehen Ihnen die Downloads in Ihrem Benutzerkonto unter „erworbende Downloads“ automatisch zur Verfügung. Das abgedruckte Passwort benötigen Sie in diesem Fall nicht.

A. Musterarbeitsverträge

Die folgenden Musterarbeitsverträge sind als Orientierungshilfe gedacht und müssen unter Berücksichtigung der jeweiligen Gegebenheiten des Betriebs ergänzt werden. Dies gilt insbesondere für zusätzliche Klauseln bezüglich der Anwendung tariflicher Bestimmungen und Hinweise auf Betriebsvereinbarungen. Zusätzlich aufgenommen werden könnten auch Verfallklauseln und Klauseln zur Gehaltsverpfändung oder Gehaltsabtretung.

1. Arbeitsvertrag für geringfügig entlohnte Beschäftigte [22]

Zwischen ______________________________ (Arbeitgeber)

und

Frau/Herrn ______________________________ (Arbeitnehmer)

wird folgender Arbeitsvertrag geschlossen:

1. Beginn des Arbeitsverhältnisses

Frau/Herr ______________ wird mit Wirkung vom ___________
als ___________________________ eingestellt.

2. Arbeitszeit

Die regelmäßige Arbeitszeit beträgt ___ Wochenstunden
an ___ Tagen je Woche.

3. Arbeitsentgelt

Der Arbeitnehmer erhält ein monatliches Arbeitsentgelt von ____ .
Das Arbeitsentgelt ist am jeweiligen Monatsende fällig.

4. Urlaub

Der Anspruch des Arbeitnehmers auf Urlaub beträgt im Kalenderjahr ___ Arbeitstage. Im Kalenderjahr des Eintritts oder bei Ausscheiden während eines Kalenderjahres wird der Urlaub anteilig gewährt.

---

[22] Für geringfügig entlohnte Beschäftigte darf das Arbeitsentgelt regelmäßig 450 € im Monat nicht überschreiten.

5. Arbeitsverhinderung

Der Arbeitnehmer hat den Arbeitgeber bei einer Arbeitsverhinderung unverzüglich zu informieren. Dauert die Arbeitsunfähigkeit länger als drei Tage, ist dem Arbeitgeber eine ärztliche Bescheinigung vorzulegen. *(Es besteht gem. § 5 Abs. 1 Satz 3 EFZG auch die Möglichkeit, die Vorlage der ärztlichen Bescheinigung früher zu verlangen.)*

6. Weitere Beschäftigungen (vgl. hierzu ausführlich die Checkliste)

Zutreffendes bitte ankreuzen:

☐ Der Arbeitnehmer versichert, dass er derzeit keine weitere – auch geringfügig entlohnte – Beschäftigung ausübt.

☐ Der Arbeitnehmer erklärt, dass er

☐ bereits in einem Beschäftigungsverhältnis steht, dessen Arbeitsentgelt über 450,00 € beträgt.

☐ folgende weitere geringfügig entlohnte Beschäftigungen ausübt:

1. Beschäftigungsbeginn: ____________
Monatslohn: ____________
Sonderzahlungen: ____________

☐ mit Eigenanteil zur Rentenversicherung
☐ ohne Eigenanteil zur Rentenversicherung

2. Beschäftigungsbeginn: ____________
Monatslohn: ____________
Sonderzahlungen: ____________

☐ mit Eigenanteil zur Rentenversicherung
☐ ohne Eigenanteil zur Rentenversicherung

Der Arbeitnehmer verpflichtet sich, den Arbeitgeber unverzüglich über die Aufnahme weiterer Beschäftigungen zu unterrichten.

7. Erklärung zur gesetzlichen Rentenversicherung

Der Arbeitnehmer wurde darüber aufgeklärt, dass er sich als geringfügig entlohnter Beschäftigter durch schriftliche Erklärung gegenüber dem Arbeitgeber von seiner Versicherungspflicht in der gesetzlichen Rentenversicherung befreien lassen kann. Mit der Befreiung verzichtet der Arbeitnehmer auf die vollen Leistungsansprüche in der gesetzlichen Rentenversicherung.

Der Arbeitnehmer erklärt dem Arbeitgeber daraufhin:

- ☐ dass er versicherungspflichtig bleiben möchte.
- ☐ dass er die Befreiung von der gesetzlichen Rentenversicherungspflicht beantragt.

8. Probezeit und Kündigungsfristen

Die ersten sechs Monate des Arbeitsverhältnisses gelten als Probezeit. Während dieser Probezeit können beide Parteien den Arbeitsvertrag mit einer Frist von zwei Wochen kündigen (§ 622 Abs. 3 BGB). Nach der Probezeit gelten die gesetzlichen/tariflichen Kündigungsfristen.

Das Arbeitsverhältnis endet, ohne dass es einer Kündigung bedarf, spätestens mit Ablauf des Kalendermonats, in dem der Arbeitnehmer die für ihn maßgebliche Altersgrenze erreicht, zu der er eine Rente wegen Alters beziehen kann (Regelaltersgrenze).

9. Verpflichtung zur unverzüglichen Meldung bei der Arbeitsagentur nach Kenntnis der Beendigung des Arbeitsverhältnisses

Der Arbeitnehmer wird darauf hingewiesen, dass er ab Kenntnis der Beendigung seines Arbeitsverhältnisses verpflichtet ist, sich unverzüglich bei der Bundesagentur für Arbeit zu melden.

10. Pflicht zur Eigentragung der Pauschsteuer *(fakultativ)*

Der Arbeitgeber führt eine Pauschsteuer i. H. v. 2 % des Arbeitslohns ab. Die Arbeitsvertragsparteien sind sich darüber einig, dass diese Pauschsteuer im Innenverhältnis vom Arbeitnehmer zu tragen ist. Das Arbeitsentgelt wird um die vom Arbeitgeber abgeführte Pauschsteuer gekürzt ausgezahlt.

11. Schriftformerfordernis

Vertragsänderungen und Nebenabreden bedürfen der Schriftform, dies gilt auch für die Aufhebung dieses Schriftformerfordernisses.

Ort, Datum ______________________________

______________________ ______________________

Arbeitgeber Arbeitnehmer

2. Arbeitsvertrag für kurzfristig Beschäftigte

Zwischen ______________________________ (Arbeitgeber)

und

Frau/Herrn ______________________________ (Arbeitnehmer)

wird folgender Arbeitsvertrag geschlossen:

1. Dauer des Arbeitsverhältnisses

Frau/Herr ______________ wird mit Wirkung vom __________ bis zum __________ als ______________________________ eingestellt.

2. Arbeitszeit

Die regelmäßige Arbeitszeit beträgt ___ Wochenstunden an ___ Tagen je Woche.

3. Arbeitsentgelt

Der Arbeitnehmer erhält ein Arbeitsentgelt von __________ .

4. Urlaub

Der Anspruch auf Urlaub beträgt ___ Arbeitstag(e).

5. Arbeitsverhinderung

Der Arbeitnehmer hat den Arbeitgeber bei einer Arbeitsverhinderung unverzüglich zu informieren. Dauert die Arbeitsunfähigkeit länger als drei Tage, ist dem Arbeitgeber eine ärztliche Bescheinigung vorzulegen. *(Es besteht gem. § 5 Abs. 1 Satz 3 EFZG auch die Möglichkeit, die Vorlage der ärztlichen Bescheinigung früher zu verlangen.)*

6. Weitere Beschäftigungen (vgl. hierzu ausführlich die Checkliste)

Der Arbeitnehmer versichert, im laufenden Kalenderjahr keine kurzfristige Beschäftigung ausgeübt zu haben, durch die bei Addition mit dieser kurzfristigen Beschäftigung die Grenze von zwei Monaten oder 50 Arbeitstagen überschritten wird.

Der Arbeitnehmer verpflichtet sich, den Arbeitgeber über die Aufnahme weiterer kurzfristiger Beschäftigungen unverzüglich zu unterrichten.

7. Verpflichtung zur unverzüglichen Meldung bei der Bundesagentur für Arbeit

Der Arbeitnehmer wird auf seine Verpflichtung zur unverzüglichen Meldung bei der Bundesagentur für Arbeit gem. § 38 SGB III hingewiesen.

8. Schriftformerfordernis

Vertragsänderungen und Nebenabreden bedürfen der Schriftform, dies gilt auch für die Aufhebung dieses Schriftformerfordernisses.

Ort, Datum ______________________________

______________________ ______________________

Arbeitgeber Arbeitnehmer

3. Gleitzonenarbeitsverhältnis[23]

Zwischen ______________________________ (Arbeitgeber)

und

Frau/Herrn ____________________________ (Arbeitnehmer)

wird folgender Arbeitsvertrag geschlossen:

1. Beginn des Arbeitsverhältnisses

Frau/Herr ______________ wird mit Wirkung vom __________
als ____________________________ eingestellt.

2. Arbeitszeit

Die regelmäßige Arbeitszeit beträgt ___ Wochenstunden
an ___ Tagen je Woche.

3. Arbeitsentgelt

Der Arbeitnehmer erhält ein monatliches Arbeitsentgelt von __________ *(max. 800,00 €)*. Das Arbeitsentgelt ist am jeweiligen Monatsende fällig.

4. Urlaub

Der Anspruch des Arbeitnehmers auf Urlaub beträgt im Kalenderjahr ___ Arbeitstage. Im Kalenderjahr des Eintritts oder bei Ausscheiden während eines Kalenderjahres wird der Urlaub anteilig gewährt.

---

23 Die Gleitzone besteht bei einem monatlichen Entgelt zwischen 450,01 € und 850,00 €.

5. Arbeitsverhinderung

Der Arbeitnehmer hat den Arbeitgeber bei einer Arbeitsverhinderung unverzüglich zu informieren. Dauert die Arbeitsunfähigkeit länger als drei Tage, ist dem Arbeitgeber eine ärztliche Bescheinigung vorzulegen. *(Es besteht gem. § 5 Abs. 1 Satz 3 EFZG auch die Möglichkeit, die Vorlage der ärztlichen Bescheinigung früher zu verlangen.)*

6. Weitere Beschäftigungen (vgl. hierzu ausführlich die Checkliste)

Zutreffendes bitte ankreuzen

☐ Der Arbeitnehmer versichert, dass er derzeit keine weitere – auch geringfügig entlohnte – Beschäftigung ausübt.

☐ Der Arbeitnehmer erklärt, dass er

- ☐ bereits in einem Beschäftigungsverhältnis steht, dessen Arbeitsentgelt über 450,00 € beträgt.

- ☐ folgende weitere geringfügig entlohnte Beschäftigungen ausübt:

1. Beschäftigungsbeginn: ______________
   Monatslohn: ______________
   Sonderzahlungen: ______________

2. Beschäftigungsbeginn: ______________
   Monatslohn: ______________
   Sonderzahlungen: ______________

Der Arbeitnehmer verpflichtet sich, den Arbeitgeber unverzüglich über die Aufnahme weiterer Beschäftigungen zu unterrichten.

7. Erklärung zur gesetzlichen Rentenversicherung

Der Arbeitnehmer wurde darüber aufgeklärt, dass er die Möglichkeit hat, durch Erklärung gegenüber dem Arbeitgeber auf die Anwendung der Gleitzonenberechnung in der gesetzlichen Rentenversicherung zu verzichten. Mit dem Verzicht erwirbt der Arbeitnehmer die vollen Leistungsansprüche in der gesetzlichen Rentenversicherung. Wird der Verzicht erklärt, hat der Arbeitnehmer seinen Beitragsanteil zur gesetzlichen Rentenversicherung auf den vollen Anteil selbst aufzustocken.

Der Arbeitnehmer erklärt dem Arbeitgeber daraufhin:

- ☐ dass sich sein Anteil zur gesetzlichen Rentenversicherung nach der Gleitzonenberechnung richten soll.
- ☐ dass er auf die Gleitzonenberechnung in der gesetzlichen Rentenversicherung verzichtet.

8. Probezeit und Kündigungsfristen

Die ersten sechs Monate des Arbeitsverhältnisses gelten als Probezeit. Während dieser Probezeit können beide Parteien den Arbeitsvertrag mit einer Frist von zwei Wochen kündigen (§ 622 Abs. 3 BGB). Nach der Probezeit gelten die gesetzlichen/tariflichen Kündigungsfristen.

Das Arbeitsverhältnis endet mit Ablauf des Monats, ohne dass es einer Kündigung bedarf, spätestens mit Ablauf des Kalendermonats, in dem der Arbeitnehmer die für ihn maßgebliche Altersgrenze erreicht, zu der er eine Rente wegen Alters beziehen kann (Regelaltersgrenze).

9. Verpflichtung zur unverzüglichen Meldung bei der Bundesagentur für Arbeit nach Kenntnis der Beendigung des Arbeitsverhältnisses

Der Arbeitnehmer wird auf seine Verpflichtung zur unverzüglichen Meldung bei der Bundesagentur für Arbeit gem. § 38 SGB III hingewiesen.

10. Schriftformerfordernis

Vertragsänderungen und Nebenabreden bedürfen der Schriftform, dies gilt auch für die Aufhebung dieses Schriftformerfordernisses.

Ort, Datum ____________________________

______________________ ______________________

Arbeitgeber Arbeitnehmer

B. Checkliste für geringfügig entlohnte oder kurzfristig Beschäftigte

Checkliste*

BDA
DIE ARBEITGEBER

für geringfügig entlohnte oder kurzfristig Beschäftigte

Bitte beachten Sie:
Die Checkliste dient als *interne* Arbeitshilfe für Unternehmen, um eine korrekte sozialversicherungsrechtliche Beurteilung der Beschäftigung vornehmen zu können. Zur Mitteilung der hierfür notwendigen Angaben sind Sie gesetzlich verpflichtet. Bitte reichen Sie die Checkliste deshalb ausgefüllt bei Ihrem Arbeitgeber ein. Bei Fragen zu den einzelnen Abfragefeldern wenden Sie sich bitte an Ihren Arbeitgeber. Grundsätzliche Fragen zur geringfügigen Beschäftigung beantwortet die Minijob-Zentrale.

1. Persönliche Angaben

Name, Vorname:

Anschrift:

Telefon:

Rentenversicherungsnummer:

Falls keine Rentenversicherungsnummer angegeben werden kann:

Geburtsname: Geburtsdatum, Geburtsort:

Geschlecht: ☐ weiblich ☐ männlich Staatsangehörigkeit:

2. Status bei Beginn der Beschäftigung

☐ Schüler(in)
☐ Student(in)
☐ Schulentlassene(r) mit Berufsausbildungsabsicht
☐ Arbeits-/Ausbildungssuchende(r)***
☐ Schulentlassene(r) mit Studienabsicht**
☐ Bundesfreiwilligendienst-/Freiwillige(r)/ Wehrdienstleistende(r)
☐ Praktikant(in)
☐ Selbständige(r)
☐ Beschäftigungslose(r)
☐ Arbeitnehmer(in) im unbezahlten Urlaub
☐ Arbeitnehmer(in)
☐ Rentner(in); Art der Rente:
☐ Arbeitnehmer(in) in der Elternzeit
☐ Beamtin/Beamter
☐ Sonstige:

Angaben über die Meldung als Arbeits- oder Ausbildungssuchender

Ist der Beschäftigte zu Beginn des Beschäftigungsverhältnisses beschäftigungslos und bei der Agentur für Arbeit arbeits- oder ausbildungssuchend gemeldet?

☐ja, bei der Agentur für Arbeit in

☐mit Leistungsbezug

☐ohne Leistungsbezug

☐nein

* Die erforderlichen Angaben können nach Aufruf des Dokuments am PC eingetragen, abgespeichert und ausgedruckt werden.
** zum nächstmöglichen Zeitpunkt
*** vgl. Bitte die Angaben über die Meldung als Arbeits- oder Ausbildungssuchender ausfällen

3. Angaben zur gesetzlichen Krankenversicherung

Ich bin in der gesetzlichen Krankenversicherung versichert.

☐ nein

☐ ja, bei (Krankenkasse):

Art der Versicherung: ☐ Eigene Mitgliedschaft ☐ Familienversicherung

4. Weitere Beschäftigungen

a) für geringfügig entlohnte Beschäftigte (450-Euro-Minijobber):

Es besteht/ bestehen derzeit ein oder mehrere Beschäftigungsverhältnis(se) bei (einem) anderen Arbeitgeber(n)

☐ nein

☐ ja. Ich übe derzeit folgende Beschäftigungen aus:

Beschäftigungsbeginn	Arbeitgeber mit Adresse*	Die weitere Beschäftigung ist /war
1.		☐ geringfügig entlohnt ☐ mit Eigenanteil zur RV ☐ ohne Eigenanteil zur RV ☐ nicht geringfügig entlohnt
2.		☐ geringfügig entlohnt ☐ mit Eigenanteil zur RV ☐ ohne Eigenanteil zur RV ☐ nicht geringfügig entlohnt
3.		☐ geringfügig entlohnt ☐ mit Eigenanteil zur RV ☐ ohne Eigenanteil zur RV ☐ nicht geringfügig entlohnt

* Angabe freiwillig

Anmerkung: Eine geringfügig entlohnte Beschäftigung liegt vor, wenn das monatliche Arbeitsentgelt regelmäßig 450 € nicht übersteigt. Der Arbeitgeber einer geringfügig entlohnten Beschäftigung muss unter bestimmten Voraussetzungen Pauschalbeiträge zur Kranken- und Rentenversicherung bzw. gemeinsam mit dem Arbeitnehmer Pflichtbeiträge zur Rentenversicherung zahlen. (siehe 5.). Der Arbeitnehmer hat aber die Möglichkeit, gegenüber dem Arbeitgeber die Befreiung von der Versicherungspflicht in der Rentenversicherung zu beantragen und somit von der Zahlung des Eigenanteils zur Rentenversicherung Abstand zu nehmen. Sofern neben einer mehr als geringfügig entlohnten (Haupt-)Beschäftigung nur eine geringfügig entlohnte Beschäftigung ausgeübt wird, wird die (Haupt-)Beschäftigung nicht mit der geringfügig entlohnten Beschäftigung zusammengerechnet. In diesen Fällen ist die geringfügig entlohnte Beschäftigung in der Krankenversicherung versicherungsfrei und je nach Sachverhalt in der Rentenversicherung versicherungsfrei, versicherungspflichtig oder von der Versicherungspflicht befreit. Jede weitere geringfügig entlohnte Beschäftigung wird mit der Hauptbeschäftigung zusammengerechnet und ist nach den allgemeinen – für mehr als geringfügig beschäftigte Arbeitnehmer geltenden – Regeln versicherungs- und beitragspflichtig in allen Zweigen der Sozialversicherung (mit Ausnahme der Arbeitslosenversicherung).

Wenn keine mehr als geringfügig entlohnte (Haupt-)Beschäftigung vorliegt, ergibt sich bei Addition der Bruttoarbeitsentgelte aus der/den bereits ausgeübten geringfügig entlohnten Beschäftigung(en) und der von diesem Fragebogen betroffenen (neuen) geringfügig entlohnten Beschäftigung ein Betrag, der regelmäßig 450 € im Monat übersteigt.

☐ nein

☐ ja

Anmerkung: Ergibt die Addition der Bruttoarbeitsentgelte, dass monatlich regelmäßig 450 € nicht überschritten werden, ist der Arbeitnehmer, sofern er von seinem Befreiungsrecht in der Rentenversicherung Gebrauch macht, beitragsfrei in allen Zweigen der Sozialversicherung.

b) für kurzfristig Beschäftigte:

Im laufenden Kalenderjahr habe ich bereits eine/mehrere befristete Beschäftigung(en) ausgeübt oder war als Beschäftigungslose(r) arbeits- bzw. ausbildungssuchend gemeldet (vgl. Anmerkung).

☐ nein

☐ ja:

Beginn und Ende der Beschäftigung / Meldung als Arbeits- bzw. Ausbildungssuchende(r)	Tatsächliche Arbeitstage in diesem Zeitraum	Arbeitgeber mit Adresse*
1.		
2.		
3.		

Anmerkung: Eine kurzfristige – für den Arbeitnehmer und Arbeitgeber sozialabgabenfreie – Beschäftigung liegt vor, wenn die Beschäftigung innerhalb eines Kalenderjahres auf zwei Monate oder 50 Arbeitstage nach ihrer Eigenart begrenzt zu sein pflegt oder im Voraus vertraglich begrenzt ist und nicht „berufsmäßig" (vgl. hierzu die Erläuterungen ab Seite 4) ausgeübt wird. Mehrere kurzfristige Beschäftigungen im laufenden Kalenderjahr sind zusammenzurechnen.

5. Befreiung von derRentenversicherungspflicht

Der Arbeitnehmer einer geringfügig entlohnten Beschäftigung kann die Befreiung von der Versicherungspflicht in der gesetzlichen Rentenversicherung durch schriftliche Erklärung gegenüber dem Arbeitgeber beantragen. Ein Muster des Befreiungsantrages liegt als Anlage bei. In diesem Fall entrichtet allein der Arbeitgeber Pauschalbeiträge zur Rentenversicherung. Achtung: Damit werden keine vollen Ansprüche in der Rentenversicherung erworben.

☐ Nein, ich möchte mich nicht von der Versicherungspflicht in der Rentenversicherung befreien lassen.
Es handelt sich um eine geringfügige Beschäftigung. Der Arbeitgeber trägt Pauschalbeiträge zur Rentenversicherung in Höhe von 15%..Der Arbeitnehmer trägt die Differenz zum vollen Beitragssatz in der Rentenversicherung (2013: 18,9 %). Den Arbeitnehmeranteil am Beitrag zur Rentenversicherung zieht der Arbeitgeber vom Arbeitsentgelt ab und leitet diesen mit seinen Abgaben an die Minijob-Zentrale weiter.

☐ Ja, ich beantrage die Befreiung von der Versicherungspflicht in der Rentenversicherung. (Bitte beiliegenden Befreiungsantrag ausfüllen!)
Der Arbeitgeber zahlt Pauschalbeiträge. Die einmal beantragte Befreiung von der Rentenversicherungspflicht kann nicht rückgängig gemacht werden.

Ich versichere, dass die vorstehenden Angaben der Wahrheit entsprechen. Ich verpflichte mich, meinem Arbeitgeber alle Änderungen, insbesondere die Aufnahme weiterer Beschäftigungen, unverzüglich mitzuteilen.

____________________ ____________________

Ort, Datum Unterschrift (Arbeitnehmer)

Der Arbeitgeber ist zur sozialversicherungsrechtlichen Einordnung des Arbeitnehmers verpflichtet. Der Arbeitnehmer muss dem Arbeitgeber die dazu erforderlichen Angaben machen und die entsprechenden Unterlagen vorlegen (§ 28o SGB IV). Erteilt der Arbeitnehmer diese Auskünfte nicht, nicht richtig oder nicht rechtzeitig oder legt er die entsprechenden Unterlagen nicht, nicht vollständig oder nicht rechtzeitig vor, begeht er eine bußgeldbewehrte Ordnungswidrigkeit (§ 111 Abs. 1 Nr. 4 SGB IV). Die Checkliste ist dem jeweiligen Arbeitgeber auszuhändigen. Alle Fragen zur Ausfüllung der Checkliste sind ausschließlich an den jeweiligen Arbeitgeber zu richten.

Erläuterungen für den Arbeitgeber
zur Checkliste für geringfügig oder kurzfristig Beschäftigte

Allgemeines

Der Arbeitgeber ist dazu verpflichtet, jeden Arbeitnehmer bei der Einzugsstelle anzumelden und die Beiträge zur Sozialversicherung zu zahlen. Daraus ergibt sich für ihn die Pflicht, das Sozialversicherungsverhältnis des jeweiligen Arbeitnehmers zu beurteilen. Der Arbeitnehmer ist seinerseits dazu verpflichtet, dem Arbeitgeber die zur Durchführung des Meldeverfahrens und der Beitragszahlung erforderlichen Angaben zu machen und die entsprechenden Unterlagen vorzulegen (§ 28o SGB IV). Erteilt der Arbeitnehmer diese Auskünfte nicht, nicht richtig oder nicht rechtzeitig oder legt er die entsprechenden Unterlagen nicht, nicht vollständig oder nicht rechtzeitig vor, begeht er eine Ordnungswidrigkeit, die mit Bußgeld belegt werden kann (§ 111 Abs. 1 Nr. 4 SGB IV). Nimmt der Arbeitgeber eine falsche sozialversicherungsrechtliche Beurteilung vor, drohen unter Umständen Nachforderungen von Sozialversicherungsbeiträgen.

Um solche Nachforderungen zu vermeiden, muss der Arbeitgeber den Sachverhalt so aufklären, dass er eine korrekte Einordnung des Arbeitnehmers vornehmen kann. Dazu dient diese Checkliste. Sie ist ein Leitfaden zur Abfrage von Angaben, die die Feststellung von Versicherungspflicht bzw. Versicherungsfreiheit des Arbeitnehmers in der Sozialversicherung ermöglichen. **Dabei kann im Einzelfall die Angabe weiterer Kriterien erforderlich sein.** Die Checkliste erhebt keinen Anspruch auf Vollständigkeit. Damit die Angaben als Dokumentation im Sinne der Beitragsverfahrensverordnung gelten, müssen die Angaben des Arbeitnehmers durch entsprechende Nachweise (z. B. Immatrikulationsbescheinigung) belegt und durch seine Unterschrift bestätigt werden. Der Arbeitgeber ist nach der Beitragsverfahrensverordnung dazu verpflichtet, die Angaben zu den Entgeltunterlagen zu nehmen.

Die Checkliste ersetzt nicht die Anmeldung des geringfügig Beschäftigten oder den Arbeitsvertrag zwischen dem Arbeitgeber und dem geringfügig Beschäftigten. Die Anmeldung erfolgt durch die Meldung zur Sozialversicherung bei der

Minijob-Zentrale der Deutschen Rentenversicherung Knappschaft-Bahn-See. Die Checkliste dient allein dem internen Gebrauch des Unternehmens bzw. als Nachweis des Unternehmens bei einer Überprüfung durch die Sozialversicherung (Betriebsprüfung).

zu 1

Der Arbeitgeber muss in der Meldung zur Sozialversicherung die Rentenversicherungsnummer des Arbeitnehmers angeben. Falls keine Rentenversicherungsnummer angegeben werden kann, ist die Angabe des Geburtsnamens, -datums und -orts, des Geschlechts und der Staatsangehörigkeit des Arbeitnehmers erforderlich.

zu 2

Die unter Punkt 2 aufgeführten Kriterien sind für die sozialversicherungsrechtliche Beurteilung des Arbeitnehmers relevant:

1. Schüler sind grundsätzlich in der Arbeitslosenversicherung versicherungsfrei (§ 27 Abs. 4 Satz 1 Nr. 1 SGB III).
2. Bei Studenten bestehen Besonderheiten in der Kranken-, Pflege- und Arbeitslosenversicherung (§ 6 Abs. 1 Nr. 3 SGB V, § 27 Abs. 4 Satz 1 Nr. 1 SGB III).
3. Selbstständige und Beamte sind sozialversicherungsrechtlich wie Personen ohne versicherungspflichtige Hauptbeschäftigung zu behandeln.
4. Bei einer **kurzfristigen Beschäftigung muss der Arbeitgeber prüfen, ob es sich um eine berufsmäßige Beschäftigung handelt, sofern das Arbeitsentgelt 450 € übersteigt**. Dabei gelten für die Prüfung von bestimmten Personengruppen bzw. Fallkonstellationen für die Prüfung der Berufsmäßigkeit folgende Grundsätze:

Berufsmäßigkeit liegt grundsätzlich nicht vor bei kurzfristigen Beschäftigungen

- zwischen Abitur und Studium,
- zwischen Abitur und Bundesfreiwilligendienst oder freiwilligem Wehrdienst, wenn die Aufnahme eines Studiums beabsichtigt ist.

Berufsmäßigkeit ist grundsätzlich anzunehmen bei kurzfristigen Beschäftigungen

- zwischen Schulentlassung bzw. Abschluss des Studiums und Eintritt in das Berufsleben,
- von ausbildungs- oder arbeitssuchenden Beschäftigungslosen, die bei der Arbeitsagentur gemeldet sind,
- während unentgeltlicher Beurlaubung im Rahmen einer Hauptbeschäftigung,
- während des Bundesfreiwilligendienstes oder des freiwilligen Wehrdienstes,
- während einer im Rahmen einer Hauptbeschäftigung bestehenden Elternzeit.

Berufsmäßigkeit liegt auch vor, wenn die zu beurteilende Beschäftigung zusammen mit Vorbeschäftigungszeiten bzw. Zeiten der Meldung der Arbeits- bzw. Ausbildungssuche bei der Arbeitsagentur im laufenden Kalenderjahr die Grenze von zwei Monaten bzw. 50 Arbeitstagen übersteigt.

Zur **Berufsmäßigkeit** vgl. auch: Geringfügigkeitsrichtlinien der Spitzenorganisationen der Sozialversicherung vom 20. Dezember 2012 und die Entscheidungshilfe zur Berufsmäßigkeit unter www.minijob-zentrale.de.

zu 3

Für einen geringfügig entlohnten Beschäftigten sind Pauschalbeiträge zur Krankenversicherung nur dann zu entrichten, wenn der Arbeitnehmer gesetzlich krankenversichert ist (Pflicht-, Familien- oder freiwillige Versicherung).

zu 4

Die Pflicht des Arbeitnehmers, dem Arbeitgeber alle erforderlichen Angaben zu machen, umfasst vor allem die Aufklärung über gleichzeitig ausgeübte weitere Beschäftigungen und Vorbeschäftigungen bei anderen Arbeitgebern. Stellt die Deutsche Rentenversicherung Knappschaft-Bahn-See oder ein anderer Träger der Rentenversicherung im Nachhinein fest, dass wegen einer notwendigen Zusammenrechnung der geringfügigen Beschäftigung mit weiteren (Vor-)Beschäftigungen Versicherungspflicht vorliegt, tritt diese mit dem Tage der Bekanntgabe dieser Feststellung durch die Deutsche Rentenversicherung Knappschaft-Bahn-See oder einen anderen Träger der Rentenversicherung ein (§ 8 Abs. 2 Satz 3 SGB IV). Seit dem 1. April 2003 werden Beiträge zur Sozialversicherung im Falle notwendiger Additionen grundsätzlich nicht mehr rückwirkend nachgefordert. Eine Ausnahme von diesem Grundsatz gilt jedoch gem. § 8 Abs. 2 Satz 4 SGB IV für den Fall, dass der Arbeitgeber es vorsätzlich oder grob fahrlässig versäumt hat, den Sachverhalt aufzuklären.

Die Checkliste dient zum einen dazu, dem Arbeitgeber die Feststellung weiterer Beschäftigungen und die entsprechende sozialversicherungsrechtliche Beurteilung des Arbeitnehmers zu erleichtern. Zum anderen kann sie im Nachhinein ein Indiz dafür sein, dass der Arbeitgeber bei der Sachverhaltsaufklärung weder vorsätzlich noch grob fahrlässig gehandelt hat. Beruht die falsche sozialversicherungsrechtliche Beurteilung beispielsweise darauf, dass der Arbeitnehmer eine weitere Beschäftigung verschwiegen hat und auf dem Fragebogen bei der Frage nach weiteren Beschäftigungen „nein" angekreuzt hat, so ist davon auszugehen, dass dem Arbeitgeber weder Vorsatz noch grobe Fahrlässigkeit vorgeworfen werden.

zu 5
Wirkung der Befreiung

Der geringfügig entlohnte Beschäftigte kann die Befreiung von der Versicherungspflicht in der Rentenversicherung beantragen (§ 6 Abs. 1b SGB VI). Der Antrag muss schriftlich gegenüber dem Arbeitgeber erfolgen. Ein gestellter Befreiungsantrag ist vom Arbeitgeber mit dem Tag des Eingangs bei ihm zu versehen. Der Antrag ist nicht an die Minijob-Zentrale weiterzuleiten, sondern verbleibt in den Entgeltunterlagen des Arbeitgebers.

Der Arbeitgeber meldet die Daten zum Antrag auf Befreiung von der Rentenversicherungspflicht an die Minijob-Zentrale im Rahmen des DEÜV-Verfahrens. Sofern die Minijob-Zentrale dem Befreiungsantrag nicht innerhalb eines Monats widerspricht, wirkt die Befreiung grundsätzlich ab Beginn des Kalendermonats des Eingangs beim Arbeitgeber, frühestens ab Beschäftigungsbeginn. Voraussetzung ist, dass der Arbeitgeber der Minijob-Zentrale die Befreiung bis zur nächsten Entgeltabrechnung, spätestens innerhalb von sechs Wochen nach Eingang des Befreiungsantrags bei ihm meldet. Anderenfalls beginnt die Befreiung erst nach Ablauf des Kalendermonats, der dem Kalendermonat des Eingangs der Meldung bei der Minijob-Zentrale folgt.

Der Antrag auf Befreiung von der Rentenversicherungspflicht ist für die gesamte Dauer der Beschäftigung bindend und kann nicht widerrufen werden. Übt ein Arbeitnehmer nebeneinander mehrere geringfügige Beschäftigungen aus, die trotz Zusammenrechnung 450 € nicht überschreiten, kann der Arbeitnehmer nur einheitlich die Befreiung von der Rentenversicherungspflicht beantragen. Die einem Arbeitgeber gegenüber beantragte Befreiung gilt zugleich für die weiteren geringfügig entlohnten Beschäftigungsverhältnisse. Der Arbeitnehmer muss die Arbeitgeber, bei denen er gleichzeitig beschäftigt ist, über den Befreiungsantrag informieren.

Übergangsrecht

Wird eine vor dem 1. Januar 2013 aufgenommene geringfügig entlohnte Beschäftigung gleichzeitig mit einer nach dem 31. Dezember 2012 geringfügig entlohnten Beschäftigung ausgeübt, sind aufgrund der differenziert zu betrachtenden versicherungsrechtlichen Beurteilung die Ausführungen der Minijob-Zentrale unter www.minijob-zentrale.de zu beachten.

Merkblatt über die möglichen Folgen einer Befreiung von der Rentenversicherungspflicht

Allgemeines

Seit dem 1. Januar 2013 unterliegen Arbeitnehmer, die eine geringfügig entlohnte Beschäftigung (450-€-Minijob) ausüben, grundsätzlich der Versicherungs- und vollen Beitragspflicht in der gesetzlichen Rentenversicherung. Der vom Arbeitnehmer zu tragende Anteil am Rentenversicherungsbeitrag beläuft sich auf 3,9 % (bzw. 13,9 % bei geringfügig entlohnten Beschäftigungen in Privathaushalten) des Arbeitsentgelts. Er ergibt sich aus der Differenz zwischen dem Pauschalbeitrag des Arbeitgebers (15 % bei geringfügig entlohnten Beschäftigungen im gewerblichen Bereich bzw. 5 % bei solchen in Privathaushalten) und dem vollen Beitrag zur Rentenversicherung i. H. v. 18,9 %. Zu beachten ist, dass der volle Rentenversicherungsbeitrag mindestens von einem Arbeitsentgelt i. H. v. 175 € zu zahlen ist.

Vorteile der vollen Beitragszahlung zur Rentenversicherung

Die Vorteile der Versicherungspflicht für den Arbeitnehmer ergeben sich aus dem Erwerb von Pflichtbeitragszeiten in der Rentenversicherung. Das bedeutet, dass die Beschäftigungszeit in vollem Umfang für die Erfüllung der verschiedenen Wartezeiten (Mindestversicherungszeiten) berücksichtigt wird. Pflichtbeitragszeiten sind beispielsweise Voraussetzung für

- einen früheren Rentenbeginn,
- Ansprüche auf Leistungen zur Rehabilitation (sowohl im medizinischen Bereich als auch im Arbeitsleben),
- den Anspruch auf Übergangsgeld bei Rehabilitationsmaßnahmen der gesetzlichen Rentenversicherung,
- die Begründung oder Aufrechterhaltung des Anspruchs auf eine Rente wegen Erwerbsminderung,

- den Anspruch auf Entgeltumwandlung für eine betriebliche Altersversorgung und
- die Erfüllung der Zugangsvoraussetzungen für eine private Altersvorsorge mit staatlicher Förderung (z. B. die sog. Riester-Rente) für den Arbeitnehmer und ggf. sogar den Ehepartner.

Darüber hinaus wird das Arbeitsentgelt nicht nur anteilig, sondern in voller Höhe bei der Berechnung der Rente berücksichtigt.

Antrag auf Befreiung von der Rentenversicherungspflicht

Ist die Versicherungspflicht nicht gewollt, kann sich der Arbeitnehmer von ihr befreien lassen. Hierzu muss er seinem Arbeitgeber – möglichst mit dem beiliegenden Formular – schriftlich mitteilen, dass er die Befreiung von der Versicherungspflicht in der Rentenversicherung wünscht. Übt der Arbeitnehmer mehrere geringfügig entlohnte Beschäftigungen aus, kann der Antrag auf Befreiung nur einheitlich für alle zeitgleich ausgeübten geringfügigen Beschäftigungen gestellt werden. Über den Befreiungsantrag hat der Arbeitnehmer alle weiteren – auch zukünftige – Arbeitgeber zu informieren, bei denen er eine geringfügig entlohnte Beschäftigung ausübt. Die Befreiung von der Versicherungspflicht ist für die Dauer der Beschäftigung(en) bindend; sie kann nicht widerrufen werden.

Die Befreiung wirkt grundsätzlich ab Beginn des Kalendermonats des Eingangs beim Arbeitgeber, frühestens ab Beschäftigungsbeginn. Voraussetzung ist, dass der Arbeitgeber der Minijob-Zentrale die Befreiung bis zur nächsten Entgeltabrechnung, spätestens innerhalb von sechs Wochen nach Eingang des Befreiungsantrags bei ihm meldet. Anderenfalls beginnt die Befreiung erst nach Ablauf des Kalendermonats, der dem Kalendermonat des Eingangs der Meldung bei der Minijob-Zentrale folgt.

Konsequenzen aus der Befreiung von der Rentenversicherungspflicht

Geringfügig entlohnte Beschäftigte, die die Befreiung von der Rentenversicherungspflicht beantragen, verzichten freiwillig auf die oben genannten Vorteile. Durch die Befreiung zahlt lediglich der

Arbeitgeber den Pauschalbeitrag i. H. v. 15 % (bzw. 5 % bei Beschäftigungen in Privathaushalten) des Arbeitsentgelts. Die Zahlung eines Eigenanteils durch den Arbeitnehmer entfällt hierbei. Dies hat zur Folge, dass der Arbeitnehmer nur anteilig Monate für die Erfüllung der verschiedenen Wartezeiten erwirbt und auch das erzielte Arbeitsentgelt bei der Berechnung der Rente nur anteilig berücksichtigt wird.

Hinweis: Bevor sich ein Arbeitnehmer für die Befreiung von der Rentenversicherungspflicht entscheidet, wird eine individuelle Beratung bezüglich der rentenrechtlichen Auswirkungen der Befreiung bei einer Auskunfts- und Beratungsstelle der Deutschen Rentenversicherung empfohlen. Das Servicetelefon der Deutschen Rentenversicherung ist kostenlos unter 0800 10004800 zu erreichen. Bitte nach Möglichkeit beim Anruf die Versicherungsnummer der Rentenversicherung bereithalten.

Anlage

Antrag auf Befreiung von der Rentenversicherungspflicht bei einer geringfügig entlohntenBeschäftigung nach § 6 Absatz 1b Sozialgesetzbuch Sechstes Buch (SGB VI)

Arbeitnehmer:

Name: ....

Vorname: ....

Rentenversicherungsnummer: | | | | | | | | | | | |

Hiermit beantrage ich die Befreiung von der Versicherungspflicht in der Rentenversicherung im Rahmen meiner geringfügig entlohnten Beschäftigung und verzichte damit auf den Erwerb von Pflichtbeitragszeiten. Ich habe die Hinweise auf dem „Merkblatt über die möglichen Folgen einer Befreiung von der Rentenversicherungspflicht" zur Kenntnis genommen.

Mir ist bekannt, dass der Befreiungsantrag für alle von mir zeitgleich ausgeübten geringfügig entlohnten Beschäftigungen gilt und für die Dauer der Beschäftigungen bindend ist; eine Rücknahme ist nicht möglich. Ich verpflichte mich, alle weiteren Arbeitgeber, bei denen ich eine geringfügig entlohnte Beschäftigung ausübe, über diesen Befreiungsantrag zu informieren.

....

(Ort, Datum) (Unterschrift des Arbeitnehmers)

Arbeitgeber:

Name: ....

Betriebsnummer: | | | | | | | | |

Der Befreiungsantrag ist am | | | | | | | | | bei mir eingegangen.
T T M M J J J J

Die Befreiung wirkt ab | | | | | | | | |.
T T M M J J J J

....

(Ort, Datum) (Unterschrift des Arbeitgebers)

Hinweis für den Arbeitgeber:

Der Befreiungsantrag ist nach § 8 Absatz 4a Beitragsverfahrensverordnung (BVV) zu den Entgeltunterlagen zu nehmen.

STICHWORTVERZEICHNIS

Weitere Informationen und Downloads:

Deutsche Rentenversicherung
Knappschaft-Bahn-See
Minijob-Zentrale
45115 Essen

Service-Center:
T 01801 200 504